Happy
Parents and Children
Plan to Win
the Examination

受験を勝ちぬく 幸せ親子計画

AzuriteStyle株式会社 代表取締役
アジュライトこどもスクール
三原千種
Chigusa Mihara

自由国民社

はしがき

こちらの本を手に取ってくださったあなたは、今まさに「受験」と向き合っている方でしょうか。それとも「受験」をするかしないかで悩んでいる方でしょうか。

「受験」といっても幼稚園受験から大学受験まであります。大学受験の先には就職試験もあります。受験は合否が決まり、順位が元となっているわけですから、学校の受験に限らず、スポーツのセレクションや、音楽コンクールなども該当します。さらに掘り下げれば、部活動におけるレギュラーの選考、運動会のリレー選手選考など、長い人生において大半の方がどこかのタイミングで合否が決まる勝負を経験することになるでしょう。

私は横浜で２０１１年より、小学校受験の幼児教室を経営しています。幼児教室は全国に多数ありますが、幼児教室を中心に教育からいろいろな分野に展開している会社であることが当塾の特徴です。

首都圏や全国の主要都市でいう幼児教室は、ほとんどが小学校受験に合格させるための塾、もしくはＩＱを高めると謳《うた》った塾になるでしょう。当塾も、中堅校から難関校まで様々な学校に毎年合格者を出しています。さらに小学校入学後の中学受験をも見据えて準備できる脳やメンタルを養うオリジナルカリキュラムを提供しているため、遠方から通うご家庭が多いのも特徴です。

現在、少子化でもありますが、教育については二極化が進み、受験人口はむしろ増えているという現状もあります。本書を手に取ってくださった方は、少なからず「受験」を見据えていらっしゃるでしょうから、我が子には、豊かな人生を送ってほしいと願われていることでしょう。また受験をするからには、最高の結果に結びつけたいと切なる思いで励んでいらっしゃるはずです。

本書は**「受験を勝ちぬく」**と**「幸せ親子計画」**という2つのテーマで書かれています。つまりは**「受験を勝ちぬいても幸せな親子でない」**なら意味がなく、**「受験を勝ちぬかなくても幸せな親子」なら意味があるということです。**

今のご時世、独身の方、結婚しても子どもを持たない方もいらっしゃるでしょう。「受験」は無縁かもしれませんが、「幸せ」というキーワードがこの本では大きなテーマにもなるところです。

私は幼少期から両親に「幸せ」について教えられてきました。人生山あり谷あり、それをどのように乗り越えていくか、前向きに生きること、目標を持って生きること、ご先祖さまや神さまは選んだ道が正しければ必ず味方をしてくださることなど……。自分自身も母親となり、娘を育てる上で実感してきたからこそ、1人でも多くの方に、それらを伝えていくことが使命だと思っています。

また、起業に至る前から現在まで、教育・子育て・生活・心理・ヒーリングなど、多数の資格を取得してきました。これらの資格取得のための勉強を通して、生きていく上で必要となる知識や技術を身につけることができました。

当塾にいらっしゃるお子さま、ご両親に接するにあたっては、単なる勉強の指導に留まらず、困難に直面した時、前向きに生きていける道筋を提示し、解決法をお伝えできることが、自分の先生としての役目だと思っています。

「受験」を考えた時、視野を広く捉え、マルチに対応できる親子が最も結果を得られると思っています。ＡＩの活用が広がっていく未来には、受験に限らず言えることかもしれません。進化に取り残されない教育と、何年経っても引き継ぐべき教育の両面を理解すること。そして、我が子はロボットではなく心ある人間であることの理解です。

本書は単なる受験攻略本でもなく、子育て本でもありません。これらの分野の情報は世の中に溢《あふ》れているのが現状です。

私自身、子どもから大人まで、教育に携わって25年になりましたが、様々な分野で培った知識と自分自身の経験を基に記した次第です。何より、どんな方にも伝わりやすいよう、難しい表現も控えています。

本書を読み終えた時、ご自身とお子さまが望みを叶え「幸せ親子」になれると感じていただければ本望です。そして、悩んだ時にはいつも手に取りたくなる、「幸せのお守り」のような本になることを心から願っています。

目次

Chapter 1

小学校受験について考える

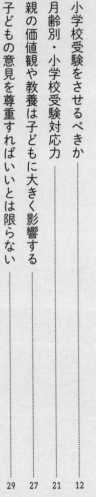

Chapter 2

受験を勝ちぬく人間力を身につける

Chapter 3

受験を勝ちぬく強い身体と心を育む

Chapter 4

強運・幸運を手に入れる

Chapter 5

真の幸せ親子になるために

Chapter 6 受験を勝ちぬく幸せ親子計画

装丁デザイン　喜來 詩織（entotsu）
本文ＤＴＰ制作　有限会社中央制作社
校正　株式会社オフィスバンズ

Chapter

1

小学校受験について考える

小学校受験をさせるべきか

当塾は小学校受験の教室ですから、入塾の際、受験に対する認識、どこの小学校を目指すのか、ご両親で意見は割れていないかなどのお考えを伺うようにしています。親御さんの考え方でよく見かけるパターンをご紹介しましょう。

Aパターン

小学校受験をさせるべきか悩んでいる。もしくは、小学校受験の準備を親子でしながら、徐々に志望校を決めていきたい。

小学校受験の知識はまったくなく、右も左もわからないものの、環境を整えるため、将来を見据えて、受験対策を始めてみようかしら？ などと考えて教室をたずねる方は最近増えています。無理なく受験の準備ができるよう中堅校あたりで我が子に合った学校を考えたい方、共働きでお子さまに向き合う時間が十分にとれない方には、限られた時間の中で対策できるコースや家庭学習法などをお伝えしています。

Bパターン
受験事情についてはよくわからないが、小学校受験をさせたい。できれば難関校を狙いたい。

首都圏の小学校受験、しかも難関校受験となると甘くはありません。想像以上に課題をこなさなくてはいけないことをお伝えし、塾の指示に従って動くことを約束いただいています。なぜなら、事情がわからない人ほどインターネットなどで情報を仕入れたり、友人の話を聞いたりして、情報に左右され、あれもこれもお金をつぎ込み振り回される可能性が高いからです。結果に結びつかない原因であることにも繋《つな》がり、注意が必要です。

ご両親がどのタイミングで受験を経験しているかなども詳しく伺うことがあります。ご出身の地域・学校・家庭などの環境により経験値が違うため、それぞれに合わせたアドバイスをしています。中には、受験らしい受験を経験しないまま大人になった方や、ブランド志向的に小学校受験をさせたいという方もいます。受験事情を事細かにお話しすることで、理解を深めていただくことがまずは重要だと考えています。

Cパターン
ご両親ともに、同じ小学校を気に入り、我が子をその学校に入学させるべく対策をさせたい。

正しい認識のもと、準備を進められていれば問題ありません。ただし、その学校をイメージのみで選んでいるために現実が見えておらず、対策も甘い場合などは、その部分を指摘することもあります。年の離れた兄姉が既に通っている場合でも、学校によっては数年で入試内容や難易度が変化していることもあり、上のお子さまと同じ対策では難しいとお伝えすることもあります。

ほぼ全員が中学受験をする小学校もあれば、小学校は共学でも中学から女子校になるため男子は全員が中学受験をするところもあります。その場合、中学難関校受験の方が小学校受験より100倍大変だとお伝えし、長期間お子さまと向き合う覚悟があるかどうかの確認もしています。いくらその小学校の卒業生の中学受験合格実績がよくても、それは卒業生親子の努力があってのこと。しかし、中学受験という過酷な環境におけるる先生方のメンタルフォローやカリキュラムは素晴らしいと言えるでしょう。

Dパターン

中学以降の受験を回避できるよう、大学まで内部進学できる小学校を受験させたい。

早稲田・慶應・青山学院・学習院の付属校などは倍率的にも最難関になり、実力だけで合格できるとは言い切れず、甘くないことはお伝えしています。月齢別に難易度も変わるため、お子さまのレベルをお通いの園での基準で捉えるのではなく、小学校受験の基準で捉えるようお話ししています。中堅校といわれる大学付属小については、併願校として受けられる方も多く、対策もしやすいでしょう。

Eパターン

国立小学校のみを受験させたい。

国立の小学校は、学校によっては出願者数が定員の70倍超えなどということもあります。高倍率の場合は抽選が行われ、その抽選も複数回行われることもあります。横浜市では横浜国立大学教育学部附属横浜小学校が国立小学校ではメインになるのですが、事前抽選と最終抽選の2回、考査とは別に行われる場合もあります。記念受験的に受けて合格される方もいるのですが、大半のご家庭はしっかり対策をして受験に臨まれます。

ここで1つ言えるのは、国立小のみを志望する場合でも、合格の可能性を上げたいなら、私立の難関小学校を受験する人たちと戦える実力をつけた状態で受験する方がよいということです。もっと言えば、私立小を併願して受験し、合格を1つ取った状態で国立小の受験を迎えた方が合格率は上がるでしょう。なぜなら、受験の本番を経験することにより親子で学びがあり、必要な修正をしてから臨めるからです。

Fパターン

地方で育ち、小中学校は地元の公立校出身。高校受験で学区内トップ校、国立難関大学に入学し、勝ち組といわれる職業に就き、現在に至っている。お子さまを小学校受験させるメリットがわからないという父親と、首都圏育ちで、小学校から環境を整えてあげるために、小学校受験をさせたいという母親の組み合わせ。

現在の学校事情をしっかりお話しし、公立小における環境がおそらくご自身の育った地元の公立小とはかなり違っていることをお伝えしています。

ここに書く内容は、実際に公立の小学校に通わせている親御さんからの情報、公立小学校の先生、教育委員会にお勤めになった校長先生などのお話を抜粋しています。当塾にいらっしゃる時点で、小学校受験を考え、教育熱心な方だと思いますので、そういう価値観の方に向けた伝え方になっていることを踏まえてお読みいただければと思います。

①場所によって、まったく学校のカラーが違う。道路を1本隔てただけで学区が変わり通う学校も変わる。越境入学できる場所もあるが、教育指定校などの場合は、希望する学校に通わせるために引っ越すご家庭も多い。

②私立と違い、校長先生が代わるだけで、学校のカラーや方針が変わるため、よい時と悪い時がある。

③貧富の差が激しいエリア（市営・都営のように年収制限のある公営住宅とタワーマンションなどが混在するエリア）は、生活水準や文化水準がまったく違う集団になってしまうため、下部層に合わせた教育になりがち。日本の貧富の差は開いており、4人に1人が給食費を払えない家庭というエリアもある。

④放課後は近所の公園や特定の場所に集まり、オンラインゲームをするなどが普通の光景。友だちが遊んでいる間、塾や習い事へ通うことに抵抗が出る場合も多い。オンラインゲームの集団のトラブルでいじめに発展することもあり、それを機に学校生活自体が苦痛になることも。

⑤中学受験率は学校によってまったく違う。環境のよいエリアなら中学受験率が高いと考えられがちだが、環境のよいエリアでも公立中学への進学率が高いところもあるので、中学受験をさせたいと考える場合はリサーチが必要。首都圏の教育熱心な層が住むエリアは、中学受験率も高く、塾通いに影響はない。

⑥中学受験塾のカリキュラムと、文部科学省の教科書との差が大きく、授業や宿題の内容のレベルが合わず、学級崩壊が起きることもある。学級崩壊は、勉強についていけない子が起こすパターンと勉強のできる子が起こすパターンとがある。

⑦授業参観への保護者の出席率が低い公立小では、それだけ子どもの教育を放置している親が多いということ。こうした学校では、問題が起きた時に学校側が家庭と連絡を取りたくても難しいといわれている。私立小に比べ公立小では、家庭に踏み込むことに躊躇する先生も多く、いじめ問題などの解決も難しい。

⑧今の首都圏は教員採用試験の倍率が低く、優秀な人ばかりが教員になっているわけではない。経験を積んでいない教員も多い。指導力のある担任に当たる可能性は高くはなく、場合によっては教員が児童生徒の統率を図れず学級崩壊となってしまい、親が交代で校内の見回りや授業の参観に行かなくてはいけない場合もある。

最近の首都圏や横浜市などの公立学校の事情を考えると、小学校受験を回避しても、その後の中学受験で難関校の合格を勝ち取るのは思いのほか難しいように思います。公立小・私立小・国立小、それぞれに通うお子さまや保護者と関わる中で、公立小から中学受験を目指すご家庭もたくさん見てきました。中には親や子の覚悟が足りないまま中学受験塾に通い始め、中学受験をしない友だちに流され、思うように受験勉強の成果が出ずに挫折してしまうご家庭もあります。しかし、中学受験塾に通うお子さまの大半は公立小の児童であり、その多くは中学受験の本番までしっかり勉強に取り組み、結果を出しているのもまた事実です。

つまり、**「受験」は親御さんの覚悟と実行力、お子さまの許容量やメンタル、体力にかかっています。**スポーツのセレクションや音楽コンクールなども同じですね。

当塾でご相談を受けるパターンとそれに対する回答をお話ししましたが、高校受験や大学受験になってくると親の意思よりお子さまの意思が強くなってきますので、考え方も変わるかと思います。

首都圏の例についてお話ししてきましたが、その他の地域はどうでしょうか。

都市部では首都圏と同じ状況の場所が多くあります。**関西**では京都や兵庫の山の手あたりは首都圏と似ているかもしれません。しかし、**大阪はまた違った教育環境**で、高校は昔から公立トップ校の位置づけの高い場所が多々ありました。最近は私立難関校も増え、実績を伸ばしているようです。教育の環境を早くから整えたいというご家庭も増えているようですが、小学校の私立難関校は首都圏に比べると少なく、国立小学校の位置づけも高いです。

つまり、**地域によっては私立が君臨している場所と、公立・国立が君臨している場所**があり、さらにはこの数年で教育環境がまったく変わった場所や、学校改革により偏差値が一気に上がった学校などもあります。

お住まいの地域の教育環境や情報をしっかり収集することが大切です。

月齢別・小学校受験対応力

次に、小学校受験をする上で、お子さまがどのようなタイプに当てはまるか見てみましょう。

男の子の例（Aくん・Bくん・Cくん）を挙げた後に、女の子についてもお話ししますが、お子さまが女の子という方も、男の子の例を読んでから、ご自身のお子さまがどのタイプに当てはまるかを判断するようにしてください。

■Aくん（男の子・4月2日～6月生まれ）

4月2日から6月生まれのお子さまは基本的に身体的にも精神的にも平均値より高く、受験に必要なことを習熟するまでに時間があまりかかりません。ただし、通園先でもリーダー的な存在で優秀な子が多いため、努力が嫌いな子もいますし、努力できないことにぶつかった時に乗り越える気力をなくしてしまう子もいます。

小学校受験では月齢別に入試内容が異なる学校もあるため、優秀な子同士の競争になります。この月齢の子たちの中で、習熟度＋精神年齢をかなり上げておく必要があります。

■Bくん（男の子・7月〜12月生まれ）

ちょうど平均値の月齢です。お子さまがAくんとCくんのどちらに寄っているか考えてみましょう。

■Cくん（男の子・1月〜4月1日生まれ）

早生まれと呼ばれる月齢の遅いお子さまです。4月1日生まれのお子さまは4月2日生まれのお子さまより1年も後に生まれたのですから、かなりの差があって当たり前です。早生まれは何でも努力しなければついていけませんから、自分ができないことへの抵抗は少なく、追いつくために必死なお子さまも多いです。

早生まれのお子さまについては、ご家族の関わりが大きく影響します。親御さんが早生まれだから仕方ないと最初から決めつけている場合、お子さまの精神年齢はますます低下していきます。兄姉がいる場合は精神年齢が高いお子さまも多いのですが、

1人目の場合は育て方にかなり注意が必要です。幼少期からなるべく月齢の高い友だちの中で遊ぶ、上の学年の子がいる環境に積極的に入っていく努力を親御さんは心がけてください。さらに、甘やかしも厳禁です。ご兄姉がいる場合、何でも上のお子さまにお世話してもらえると自立しないままです。ご兄姉が赤ちゃんのお世話をするのはとてもよいことですが、歩けるようになった頃には、ちょっとした手助けはあったとしても、代わりに施すことはなるべく避けるように教えることが必要です。それでも、一緒に遊ぶという経験は言語能力を高めますし、喧嘩することもコミュニケーションを学ぶ経験に繋がりますから、関わりは常に持たせてほしいです。上のお子さまが勉強している時間は一緒に座学をさせる時間にしてもいいですね。

■女の子の場合

さて、次は女の子になります。

基本的には男の子の月齢を基準に判断して構わないのですが、**精神年齢は男の子より高い子が多い**です。その傾向は**4月2日〜6月生まれ**がより顕著に出ています。

最難関校といわれる学校に合格しているお母さまに入学後に学校のお話を聞くと、

「皆さん精神年齢が高くて驚きます」とおっしゃいます。女子難関校といわれる学校群に入学している女の子たちは「大人より大人」と感じることもあるくらい洗練されたお子さまに育てられています。

4月2日〜6月生まれがより顕著に出ているとお話ししましたが、「男の子でも精神年齢が高いのに、女の子はさらに高いって、どこを目標にすればいいの？」と思われるでしょう。

首都圏難関校と評される小学校を受験するお子さまは、一般的に**実年齢プラス3歳の精神年齢と視知覚機能**（Chapter 3「目・鼻・耳が正常に働いているか」参照）が必要といわれています。**女の子の場合はさらにプラス2歳、つまり実年齢プラス5歳くらいは高い**という認識で準備をしなくてはいけません。

名門の幼稚園を受験して合格された方は、周りの環境とのギャップが少ないのでイメージしやすいかもしれません。大半が受験しない普通の幼稚園に通われている場合には、月齢の高いご自身のお子さまについて「うちの子は他の子よりとても優秀だわ」と思われていても、難関校受験をする教室のクラスに入ったり、テストを受けに行ったりした時に、思いのほか厳しい洗礼を受けるかもしれません。

早期からＩＱを意識した知育教室なども流行っていますが、そこで高いＩＱが出て、「うちの子、すごいかも」と認識している場合も少々危険です。というのも、そのようなお子さまの場合には発達の凸凹が激しく、小学校受験で対応できる問題が限られてしまうことがあるのです。トータルの点数では平均点以下になってしまい、お母さまのがっかりされる姿を多々見てきました。知育系の幼児教室は、それを活かせる人より、通うだけで満足されている方のほうが多い印象が見受けられます。

そう考えると、**受験は知育と別物**と考える必要がありそうです。

頭の良し悪しは、精神年齢の高さや身体の発達が大きく影響しており、**小学校入試はＩＱだけ高ければよいわけではない**ことをお伝えしておきます。さらに言うならば、そう簡単に知育教室だけでＩＱが高くなったり、精神年齢が高くなったりはしないことも合わせて認識いただかなくてはなりません。

精神年齢が高ければ準備期間は短くてすむのですが、逆に精神年齢が低いままでは早くから準備しようがずっと低迷したままという可能性もあります。「三つ子の魂百まで」という認識が世の中には浸透しているものの、親御さんの間違った認識で知育やペーパーばかりを進めていては、気づいた時にはまったく対応できなくなってしまいます。早くから教室に通い始めても、高い人間力、高い能力には最終的には敵わないと認識していただきたいところです。

何よりも、行動観察の考査はウエイトが高く、他で合格点が取れていても、一発不合格ということは大いにあります。お子さまの自制心や協調性などは、簡単に身につくものではありません。家でストレスが溜まっている子ほど、コントロールが利かず、他人を思いやる行動がとれませんし、勝ち負けにこだわるところが出てきますから、心や脳の土台を考えると、自然の中で思いきり身体を動かして遊ぶことも大切です。そして、人との関わりから学ぶことが多いため、積極的に外へ出かけ、いろいろな人と交流しましょう。

親の価値観や教養は子どもに大きく影響する

小学校受験は「親の受験」ともいわれます。子ども自身より親の在り方が問われるため、そのようにいわれるのだと思います。中学受験以降は学力での受験が主となり、あとはせいぜい面接での受け答えが問われる程度です。そう考えると、小学校受験の課題ほどバラエティに富んだものはないでしょう。**ペーパー、巧緻性、絵画制作、運動、行動観察、生活、口頭試問……**。ほとんどの学校がこれら複数の課題を入試問題にしています。

いずれも、受験対策だけで対応できるものではなく、日頃のご家庭の教養レベルがそのまま結果に表れます。

多くの親子を見てきて思うのは、**親の教養や価値観ほど子どもに影響を与えるものはない**ということ。厳しい言い方かもしれませんが、親が無学、無教養なのに、お金だけあるご家庭は小学校受験で苦労されます。子どもの教育はお金の力で外部に任せようとしても、小学校受験で通用するレベルに到達させることはできません。
いろいろな学校があるとはいえ、ご家庭にお金があり、そして勉強のできるお子さまであっても、心の育っていない子を入学させたくないというのが学校側の本音です。

親御さんご自身がどのように生きてきたかをしっかり見つめ、時代とともに変化している常識を身につけるため、日々勉強を怠らないようにしなくてはいけません。ご自身がご両親から受けた教育や、代々引き継がれた高度な教育観がないのであれば、お子さまの教育を他人任せにするのではなく、まずはご自身が勉強することが必要だと認識しましょう。小学校受験の土台となる部分ですから、**見えるところばかりを磨いて、中身のない親になってはいけません。親子ともにブランドで身の回りを固めるような経済力をひけらかすようなご家庭では、難関校合格も限りなく難しい**ということはお伝えしたいと思います。

子どもの意見を尊重すればいいとは限らない

私自身、小学校高学年までいろいろな習い事をし、中学生の時は難関高対策塾で受験勉強をしました。勉強が大変な時でも、音楽だけは続けていました。これは、**勉強に加え、何か得意なことを1つ続けさせたい**という母の意思に基づくものでした。何か得意なことを1つ、それが音楽だったのです。

母が探してくれた音楽大学の教授のもとで学び、音楽大学を目指していました。しかし高校に入ると、入部したダンス部の活動に夢中になってしまったのです。成績も下がり、とうとう教授から「音大を目指すなら部活はやめるように」と言われてしまいました。

そのことについて話した家族会議の様子です。

私「部活は絶対にやめたくないから、音楽のほうをやめたいんだけど」

母「今さら音楽をやめるなんてあり得ないでしょう。自分が何を言っているかわかっているの？」
私「わかっているよ。でも、音大に入るにはピアノだけじゃなくて、歌やソルフェージュもやらなくてはいけないじゃない。音大に入るための勉強をしていたら、学校の勉強をする時間なんてなくなっちゃうよ。それに部活もやめたくないもん。音楽をやめたら、その分しっかり勉強するから」
父「本人がそう言っているんだし、尊重してもいいんじゃないか？」
母「お父さんはこの子のことをわかっていないのよ。音大を目指すのなら、教授がしっかり導いてくださるし、やめたら今までの苦労やかかったお金も無駄になるのよ」
私「部活をやめてまで音大に行きたいとは思えないし、一般の大学でも、文学部とか経営学部とか、行きたい学部があるもん。どうせ私もセンター試験（今の大学入学共通テスト）を受けるんだし、勉強しないと補習もひっかかるし」
母「そんなこと言ったって、絶対に勉強時間は増えないわよ。あなたはそういう性格なの！」
父「本人がここまで言っているんだよ、母親なんだからもう少し子どもを信じてあげなさい！」

父の最後の言葉で母は泣き出してしまい、結局、この家族会議で母が折れる形となり、私は音楽をやめることになりました。

しかし、その後、すべて母の言ったとおりになったのです。空いた時間は友だちと遊んだり、甲子園へ高校野球を見に行ったり、勉強をする時間はほとんど増えませんでした。さらに、進路選択の土壇場で、やはり自分は音楽が一番好きだからと、再び音大受験に向けて舵を切ることになったのです。一時は浪人も覚悟したのですが、音大には無事合格しました。今思い返しても、私の半生で一番大変な日々だったと思います。ダンス部の活動は私の青春そのもので、部活を続けるという選択をしたことに悔いはまったくありません。しかし、音楽を中断したことで、随分遠回りをしてしまったことも事実です。

母は、やはり私のことを誰よりもわかっていたのだと思い知りました。

この経験から思ったことは、**「子どもの言い分を聞くのが必ずしも正しいとは限ら**

ない」ということ。私のエピソードで言えば、子どもの意思を尊重した父の態度が理想だと思えるかもしれません。しかし実際はどうでしょう。幼いころから私を一番見てくれていた母が、私以上に私のことをわかっていたのは当然だと、今では思います。

「子どもの選択を尊重する」というと聞こえはいいのですが、**子どもの言いなりになるのではいけません。それはただの甘やかしです。**

私のエピソードからもわかるように、子どもは大人に比べて視野が狭いのは当然ですから、選択を間違うこともあります。子どもが何も間違わないのであれば、そもそも教育など必要ありませんし、法律上の成人という概念も必要ありません。

進路を決める時、しっかりしている子でも「○○ちゃんと同じところがいい！」と安易に決めてしまうことがあります。こういう時、「自分は自分、友だちと得意分野も違うし、将来目指すことも違うだろうから、必ず自分がどうしたいのか考えなさい」と伝えてほしいと思います。

もちろん、親の権力を振りかざして、なんでも親の言うことに従わせるべきということではありません。それこそ子どもの人格を尊重していないことになります。

日頃から我が子をしっかり見ること。親の意見を伝え、子どもが納得するまでとことん話し合うことが必要不可欠です。話し合いの中で、**「最終的に人のお役に立てるかどうか」**、単に学歴や収入面だけの価値観になっていないかを親子で建設的に考えてほしいと思います。

スポーツ選手になりたいと言われたら

「うちの子はサッカーにのめり込んでいて、『将来はサッカー選手になる』なんて言うんです。近所のクラブチームでちょっと上手なくらいで、到底サッカー選手なんて目指せるわけなくて……。そろそろ中学受験に向けて塾に行かせたいのに、本人はずっと拒んでいて困っています」

このようなお悩みをよく聞きます。本人の意見を尊重するというなら、これもできるだけ応援してあげる、好きなだけ続けさせてあげるということになるでしょう。

しかし、ここまでの話を読まれて、「それで本当にいいのか?」と思われたのではないでしょうか。

普段から子どもを見ていればわかるはずです。本当にプロになれるレベルなのか、単なる娯楽で努力の継続は不可能ではないかなど、おそらくどれだけ言って聞かせても簡単には納得しないと思います。

一番よいのは日本一レベルのクラブチームで同年代の子どもがどのようなことをしていて、どのようなレベルなのか、本人に見せてあげることです。実際に体験できるような機会があれば、連れて行ったりするのもいいですね。

また、彼らが普段どのように過ごしているのか、有名選手の伝記を読ませたり、調べた話を聞かせたりするのもよいでしょう。子どもが家でのんびりしている時、「今この瞬間も、あの子たちは練習しているよ」と事あるごとに伝えます。そして、休みなく練習してきた彼らとどれくらい実力の差が開いているのか、その差の穴埋めをするのに、これから生活スタイルをどのように変えるのかを冷静に話し合います。

サッカー選手になれたとしても、日本代表レベルどころか、ある程度の実績を残せる選手ですらほんの一握り。それ以外の選手は若くして戦力外になり、仕事を見つけることも難しい現実があります。子ども扱いをせずに、現実を見つめさせるのも親の役目なのです。

子どもの意思ばかりを尊重していると、子どもの精神年齢も低いままで、なかなか成長しないように感じます。そのせいでお子さまの視野が狭く、早い段階から選択肢を狭めてしまうのです。第一志望の学校しか見ていないと、他の環境には見向きもしないので、受験も失敗しがちになります。

野球選手について少しお話しすると、WBCに出場するような選手は、幼少期から野球だけにのめり込んでいたとは限らないようです。ドラフト上位指名を受けるくらい早くから注目される選手でも、プロの世界に入って活躍できるとは限らず、むしろ下位指名で日本代表になる選手もいます。プロスカウトの最近の話では、後でお話しする「**非認知能力の高さ**」を重要視するそうです。伸びる選手の特徴として「**素直に人の話を受け入れる柔軟さ**」があるといわれており、上位指名されても、監督やコーチ・先輩の指示を無視して、自分を貫く選手は伸びないそうです。これは、勉強や受験にも当てはまるのではないでしょうか。**自分を貫くことと、頑固に人の意見を聞き**

入れないこととでは、実はまったく違うのです。

元プロ野球選手のイチロー氏は幼少期より積み上げた経験値から、確固たる理論やフォームなどが身についていたため、コーチの意見ではなく自分を貫いたそうです。ですが、世界に通用する結果に結びついていますから、自然と周囲が認める存在となりました。

しかし、イチロー氏のようなケースは稀で、ほとんどの場合、大人になっても**頑固に人の意見を聞かない人ほど、結果に結びついていない**と思いませんか。精神年齢が幼いまま大人になってしまった人は、経験値が少ないにもかかわらず他人の意見を聞き入れない傾向が強くなります。受験の場合も、親御さんがどういう性格であるかにより、お子さまの成長に大きく関わると判断しています。

賢い人ほど人の話をしっかり聞き、素直に実行しているなと思いますし、結果を残していると思っています。

将来何を目指すにしろ、Chapter 2でお話しする**「非認知能力」**がモノを言います。いつも自己流になってばかりいないか、素直に人の話を受け入れる柔軟さを持っているか、親御さんご自身が見つめ直してくださいね。

塾や幼児教室の選び方

受験を視野に入れた場合、まず考えるのが塾や幼児教室選びではないでしょうか。中には、家庭で受験対策はできるから塾などには行かないという考えの親御さんもいるかもしれません。しかしながら、それはごく一部。親御さんご自身が家庭教師や塾講師の経験を持つなり、ご自身がそれで実績を残し、受験のノウハウをご存じならば大丈夫かもしれません。ただ、時代も変化していますし、学校も入試方式も変化しています。

すなわち、情報や一番大切なカリキュラムを仕入れられる状況が必要であることから、ほとんどのご家庭では塾や幼児教室に通うという選択肢をとられるでしょう。

志望校が決まったら、できればその学校に通っている友だちや知り合いに、どのように準備したのか、どこの教室に通っていたのかなどを尋ねてみましょう。それが不可能なら、自分で調べるしかありませんので、インターネットで「○○小学校　塾」

などとキーワードを入れて検索してください。いろいろな学校をターゲットにしている塾と、ターゲット校を絞って対策している専門塾とに分かれると思います。気になった塾には直接問い合わせをし、体験してみるとよいでしょう。

実際に**体験に行ってみると友だちが言っていた印象と違うなと思うかもしれませんし、口コミや掲示板サイトなどに書いてある感想とは違う印象を持つ**かもしれません。そこはご自身の受けた印象を信じればよいと思います。人それぞれ感じ方は違って当然ですし、インターネットの掲示板サイトなどは、なりすましによる嫌がらせや、自作自演などもありますので、**百聞は一見に如かず、すべてを鵜呑みにしないことが大切です。**

東京の御三家といわれる名門校に実績を多数出している塾は、予め合格の可能性があるご家庭しか入塾できない場合もあります。ご両親の出身校や職業などを訊かれて門前払いということもあるようです。なんだか変な世界ですが、子どもの実力だけで決まらない私立小学校がたくさんあることは認識しておいた方がよいでしょう。

一番注意すべきなのが、「あの塾もいい」「この塾もいい」といくつもの塾を掛け持

ちした結果、宿題もこなせず、優先順位もつけられず、時間的にもゆとりがない……という最悪な状況をつくり出してしまうパターンです。

そのような状況になるよりは、1つの塾に絞って、「P（計画）、D（行動）、C（チェック・分析）、A（改善）」を抜け落ちなく徹底した方が、よほどよい結果に結びつきます。しかし、塾により志望校対策に得意・不得意があるかもしれませんので、親御さんだけで判断するのではなく、塾の先生に直接尋ねるのが賢明だと思います。

当塾の場合、主に共学小学校を専門としていますので、女子難関校を併願で受ける方には、そこに強い塾やコースをご紹介しています。全体的なスキルアップは当塾を主軸にするとしても、直前期には女の子のみの集団で学ばせることが必要になると思います。逆のパターンもあり、小学校によっては入試内容も特徴があり、直前対策ではどうにもならないことがあるので、他塾の先生から紹介されて当塾に入会される方もいます。

塾選びで重要なのが、合格率だと思います。対策は可能であったとしても、受験した人数のうちどれくらい合格しているのかは明確に教えてもらった方がよいかもしれません。大手塾の場合、いくつかの校舎をまとめた実績しか公表していないことが多いので、各校舎の実績、講師やクラスによっての合格率まで細かく調べた方がよい場合もあります。それは同じカリキュラムでもばらつきが相当あるということです。

また、ホームページなどに掲載されている合格実績が信憑性に欠けるところもあります。合格実績の人数を水増しするために、テストだけ受けに来た人の合格実績まで含めたり、繰り上がらない補欠も含めたり、さらには内部進学者数まで含めるところもあります。

年度によって受験人口や通っている生徒のレベルにばらつきがありますから、毎年同じような合格実績が出るとは限りません。正直な実績を載せてしまうと、時として見栄えが悪くなり、不利な情報になってしまうため、操作せざるを得ない塾側の事情もあるのです。こうした公表数字の操作や水増しが、かつて明るみに出てしまった塾もあります。

また、1人の優秀な生徒が5校合格したとしたら、それらはすべて合格実績にカウントされます。生徒数の多い大手塾では母数が大きい分、重複してカウントする数がすごいことになります。母数が100人の生徒が平均3校合格すれば、延べ300人になります。

反対に、不合格者数を見たら、入塾を躊躇《ちゅうちょ》してしまうでしょう。**公表されている合格者数だけを判断材料にして通塾先を決めるのは、小学校受験だけでなく、中学受験や大学受験でも安易すぎるかもしれません。**

「この塾に入れておけば大丈夫」という他力本願な発想になっている人もいるかもしれないので、もう一度お伝えしておきます。**いくら合格実績の高い塾や学校でも、通わせているだけでは絶対に成績は伸びません。**高いお金を払っても自分が何もしなければ無駄に終わることを覚悟して、しっかりお子さまに向き合いましょう。

併願校の考え方

志望校を決める際には、各ご家庭の判断材料に基づき、第一志望を定めていただいてよいとは思うのですが、**入試において、大事だと思うのは「併願校」です。**もちろん、第一志望校に合格できるのが一番うれしい結果だとは思いますが、実は、自分が見えていないだけで、併願校に強いご縁がある場合も多いのです。これは小学校から大学まで、どの受験でもそうだと思います。ですから、**併願する可能性のある学校は、必ず足を運んで実際に見学することをおすすめします。**

小学校受験では、両親面接で「何回くらい、本校にいらっしゃいましたか?」「どの行事がよかったですか?」など、学校に対する熱意を問われることがあります。そこで、あまり足を運んでいないことが伝わってしまうと、お子さまの試験の成績がよくても不合格になることは十分にあります。

中学受験以降でも、まったく見学に行っていない学校などでは受験当日のイメージができず、不合格になるということもあるでしょう。

逆に、志望していたどの学校からもご縁をいただけず、それまでまったく足を踏み入れたことのない学校に最終的に決まることもあります。もちろん、それは強いご縁で引っ張られたわけですから、結果オーライであるとは思いますが、本人にとっては不本意ですよね。併願校を決める作業は早めにして、直前期に慌てて説明会や行事などにバタバタ行くなど無計画な行動は気をつけてほしいと思います。

また、第一志望校を早くから決めることはもちろん大切だと思いますが、結果が伴わなかった場合にも、前向きな気持ちで併願校を受ける準備をしておくことが大切です。**合格がいただけた場合は、その学校に感謝することが何より大切なこと**ではないでしょうか。ご縁をいただけたことは本当にありがたいことなのです。その学校が我が子に合っていて、そこから大きなご縁に繋がっていくという気持ちで併願校にも目を向けるようにしましょう。

併願校だけでなく、第一志望についても中途半端な思いではなく、強い熱意で臨みましょう。合否の結果には**「補欠」もありますから、そうなった時には最後まで諦めずに繰り上がりを待ってほしい**と毎年保護者の方にお伝えしています。ご縁があれば繰り上がりますし、思いが強い人のところにはご縁が繋がるものです。双子の兄弟姉妹が同じ年に同じ学校を受けても合格点に到達しなければ容赦なく、「1人は合格で1人は不合格」という厳しい現実になる場合もあります。1人1人、違う人間ですから、同じご縁を引っ張るとは限りません。

すべてを前向きに受けとめる気持ちがなければ、中途半端な受験に終わるでしょうし、結果ばかりを求めてしまい、受験の本来の目的である**「目標に向かって頑張る」**という貴重な経験をマイナスなものにしてしまいます。

お子さまの親であることを自覚し、順風満帆にはいかないことを考えながら一緒に計画を立ててください。**目標を少しずつ達成し、喜びを分かち合う経験をして、親子で成長したい！と思うことが何より大切です。**

併願校を決めることも、その第一目標を達成するために必要なこととして受けとめておきましょう。

Chapter 2

受験を勝ちぬく人間力を身につける

非認知能力を鍛えることが最も大切

ご存じの方も多いと思いますが、**「非認知能力」**とは従来の教育で重視されてきた学力テストで測れる能力ではなく、コミュニケーション力や主体性、自己肯定感といった、**数値で測れないけれど大切な能力のことです。「勉強ができるだけではだめで、いわば人間力がこれからの時代には重要」**なのです。**「非認知能力」は、これからの幼児教育を考えるにあたり、避けては通れない重要な概念です。**

ノーベル経済学賞を受賞したジェームス・ヘックマン氏が40年かけて研究した結果を発表し、これを受けて日本でも文部科学省が教育方針を転換しました。

48〜49ページの表は、非認知能力に関する様々な文献を見て私がまとめたものです。日頃からこちらの表を使い、親御さんに非認知能力について説明しています。

小学校受験の受験科目は、認知能力だけ鍛えればクリアできるものではありません。それはまぎれもない事実なのですが、抵抗を感じる親御さんもいるのです。机に向かって勉強させることだけが教育だと考えている人には、何度言っても腑《ふ》に落ちないようです。

「座学だけでは成績は上がりませんから、もっといろいろな経験をさせて、身体をいっぱい動かすようにしてくださいね」とお伝えしても、「勉強＝ペーパー」と決めつけてしまう親御さんの価値観により、結局、座学のみに戻ってしまうことがあります。しかし、何度も書いているように、学校側はむしろ座学勉強以外の取り組みが重要だと考えており、偏らないようにしているはずです。

成績優秀なお子さまは、勉強以外のこともしっかり学んでいるはずですし、後のページでもお話ししますが、**座学の勉強だけでは到底視機能は上がりません。**そこを素直にご理解いただきたいです。

これからますます認知能力型の教育は時代遅れとなっていくでしょう。

最近はどこの私立小学校も非認知能力を意識したカリキュラムになっており、公立の学校でも、小学校から高校まで**「探究」**科目もできています。

認知能力	
①基礎学力	すべての学習を成立させる上で必須の基礎的な知識や技能（例：読み書き、計算等、教科等の独自の基礎的な知識・技能）
②基礎的な知識・技能	社会の変化や科学技術の進展等に対応するために必要とされる知識や技能
③専門性・専門知識	「基礎学力」、「基礎的な知識・技能」をベースとした、個々の特性に応じた特定の領域に関する高度な知識と経験

非認知能力	
④問題解決力	論理的思考力の要素である「物事の意味を正しく捉え、自分の理解度や対応できる範囲を把握した上で、問題解決に当たることができる力」をベースとし、自分で考え、本質的な問題を発見し、解決策を立案し、さらに、それを臨機応変かつ適切に対応しながら遂行（実行し成果を出す）することができる力
⑤批判的思考力	論理的思考力の要素である「主観的な事柄と客観的な事柄とを区別した上で、根拠に基づいて判断し、さらに、筋道立てて考えることができる力」をベースとし、他者および自分の考えに対して熟考し、先入観にとらわれずに、俯瞰的な視点から考えることができる力
⑥協働力	異なった環境や立場にある複数の他者と、助け合ったり、譲り合ったりして、お互いを尊重し合いながら、同じ目標や目的に向かって物事を達成できる力
⑦コミュニケーション力	お互いの気持ちや感情を理解・尊重し合いながら、適切なタイミングや表現方法で自分の感情や意思を伝えたり、受けとめたりして、信頼関係を築くことができる力
⑧主体性	自分の意志や判断によって責任をもって行動する姿勢、および遂行しようとする意欲
⑨自己管理能力	自分の目標や目的を達成するため、または集団のルールの中で自分の役割を果たすために、自分を律し、管理し、自己を分析することができる力

非認知能力	
⑩自己肯定感	自分のあり方を積極的に評価できる感覚、および自分の価値や存在意義を肯定できる感覚
⑪実行力	「目的のために行動する力」をベースとし、自分または集団の目標や目的の方向性を適切に見極めた上で、計画を立案し、遂行することができる力
⑫統率力	他者の行動を統制してチームを1つにまとめ、そのチームを率いてチーム全体の目標や目的の達成のために行動することができる資質や力
⑬創造性	突然出現するものではなく、長い年月を要する基礎的な努力に加え、熱中して物事に取り組むことや様々な経験を積み重ねた結果として築かれるもので、新奇で独自かつ生産的な発想を考え出すこと、またはその姿勢
⑭探究心	物事の本質を捉えようとする姿勢、および本質や意義について、より掘り下げて見極めようとする意欲、および好奇心
⑮共感性	他者と喜怒哀楽の感情を共有すること、またはそれらを感じ取ることができる感性。自然、生き物に対する愛情や畏敬の念
⑯道徳心・道徳を守る心	善悪を判断し、善を行おうとする心
⑰倫理観	人として守り行うべき道、倫理（善悪・正邪の判断において普遍的な規準となるもの）についての考え方や捉え方
⑱規範意識	道徳、倫理、および法律等の社会のルールを守ろうとする意識
⑲公共性	価値観が違うと思われる組織、集団、社会での自分の役割を理解し、その責務を果たそうとする姿勢
⑳独自性	独自に考えて行動しようとする姿勢。新しいアイデアや他者と異なった感性を活かすことができる力

自ら主体的に学ぶことで、思考力、判断力、表現力などを養う新しい学習方法が**「探究」**です。学校により題材なども違うため注目されていますね。

大学受験もＡＯ入試が増え、主要科目の試験の点数だけで評価される時代ではなくなっています。

こうしたことから、小学校受験においても非認知能力を重視した選考が行われるようになったのです。

「非認知能力」という言葉自体は２０１５年頃に出てきた比較的新しいものです。しかし、全国の国立小中学校では昔からそれに近い**「人間力を重視した教育」**が行われていました。

私自身も国立小中学校で学んできたのですが、自分の原点はそこでの学びにあったと今でも思っています。40年も前にこの教育を受けられたことや、熱血指導してくださった先生方に大変感謝しています。

国立小中学校の仲間と集う同窓会は、私が最も感化される時間でもあります。同級生の皆が今でも学び続ける向上心を持ち、社会貢献している姿に尊敬の念を抱きます。それは当時の先生方も同じで、ご年配になった今でも社会で活躍されているのです。同級生たちはそれぞれが違った分野で活躍しているので、何かで困った時には誰かに相談したり、助けてもらったりもしています。人間誰しも山あり谷ありですが、そうしたことを乗り越えるような小中学校時代に培われた力は一生変わることはないと思います。

国立の小中学校では、公立の小中学校のように、教科書に沿って授業を行い、宿題を出すという学習はさせません。

例えば、1つのテーマを定めて徹底的に話し合いをさせたり、グループで協力しながら自分たちで決めた目標を達成させたりといったユニークな授業が行われています。同じ科目でも、各クラスで取り組みが違うというのも国立小学校ではよくあることです。

「非認知能力」の重要性は、この先もますます高まっていくと予想されます。勉強の本来の意味を親御さんが正しく認識する必要がありますね。

自立心こそがすべての第一歩

難関校といわれる学校に合格できるお子さまは、**自分のことは自分でできる子**ばかりです。よいお家ほど子どもを過保護に育てているイメージがあるかもしれませんが、実態は違います。

あなたは我が子にこのようなことをしていませんか?

- ☑ 靴を履かせてあげる
- ☑ 洋服のファスナーやボタンをとめてあげる
- ☑ トイレから出てきた子どもにハンカチを差し出してあげる
- ☑ お菓子の袋を開けてあげる
- ☑ 転がったボールを取りに行ってあげる　など

こうしたことをしているようでは、お子さまの自立心は芽生えません。「うちの子、全然自分でやろうとしないんです」などとおっしゃる親御さんもいるのですが、案外ご自身がそうしてしまっていることに気づいていません。

就学してからも親御さんが学校の準備をすべてしてくれるので、自分では何一つ用意できないまま大きくなってしまうパターンもあります。親が管理してあげないと、学校の配布物を出してくれない、宿題をまったくやらない、提出物を忘れるなど、いろいろトラブルがあるかもしれません。親がそのトラブルをすべて回避させていると、いつまで経っても甘えてしまいます。

当塾でも、ハンカチとティッシュがポケットに入っているかを必ずお尋ねしています。持っていないお子さまは「お母さんが渡してくれなかった」などと言い訳するのですが、「お母さんに言われなくても、自分でポケットに入れてきなさい」と指導します。その他にも筆箱の鉛筆が削れていなかったり、クレヨンが折れていたり。**持ち物は子ども自身に整えさせ、親御さんが最終チェックするという流れにしましょう。**

結局、何が自立心を阻んでいるかというと**「子離れできない親」**の存在です。**失敗することを恐れて親が先に力を貸してしまうことで、問題解決能力がまったく養われ**

ないまま大人になってしまうのです。

小学校に入ったら、担任の先生に「自立心を養うためにも、ある程度子どもに任せて日々の準備をさせたいと思います。もし、宿題を忘れたり提出物を忘れたりしたら、本人にきちんと諭してください」とお伝えしてみるとよいかもしれません。ただ、放任にするのは違うと思いますから、必ず我が子がどのあたりまで対処できているのか日々気にする必要はありますし、「何かありましたら、すぐにご連絡ください」と先生に伝えておくことも必要です。

自立心と密接に繋がっているのですが、親が働いてくれているから、自分はご飯を食べられたり、学校に行けたり、習い事に行けたりしていると幼少期から認識できるかどうかも重要です。

親がやってくれるのが当たり前、自分はお客さんという気分でいると、いつまでも自立心が芽生えません。

次の項でもお伝えしますが、**お手伝いを早くからやらせることも、自立心を育てる**

のに役立ちます。

海外の先進国ではボーディングスクールという全寮制の寄宿学校が多く存在し、早くから親元を離れ、自立心の育みを重視する傾向があります。

自立はこれからの時代、誰にとっても必要なことです。

大震災やコロナ禍で思い知った方も多いと思いますが、当たり前の日常はある日突然奪われます。自然災害に見舞われる、病気や事故、リストラで無収入になるなど、人生何が起こるかわかりませんし、時代の変化が目まぐるしい昨今です。

将来離婚や死別をしても独りで子どもを育てていけるくらいの経済力を身につける必要もあります。年金があてにならない時代ですから、年老いた時に子どもに面倒を見てもらうなどという安易な考え方ではなく、自分の面倒が見られるくらいの収入や資産は、若いうちに努力して確保しておく先見性がなくてはいけないでしょう。

依存心は今すぐ捨て、家族のため、子どものため、何より自分のために努力をしてください。そして、人の役に立てる自分になれるよう、日々考えながら生きてください。

子どもは親の姿を見て育ちます。自立心こそが、幸せの第一歩であると子どもに早くから教えていきましょう。もしかすると、親御さん自身が我が子に必要とされていないと実感した時、寂しく感じていませんか？　それもお子さまの自立心を阻んでいる原因かもしれません。

お手伝いが自己肯定感を育む

非認知能力の中でも「子育てする上で一番重要なこと」として親御さんにお話しするのは**自己肯定感を育てること**です。自己肯定感が高い子とそうでない子とでは、人間力や能力も大きく差が開きます。

小学校受験の面接においても「お子さまの自己肯定感を育むために、どのような場面で褒めていますか？」という質問をされることがあります。ほとんどの方が「できないことに対して一生懸命取り組み、乗り越えた時に褒めるようにしております」という趣旨のことをお答えになります。

褒めることは自己肯定感を育むのに大切なことではありますが、**「成功したら存在価値がある」という条件付けをすること**にもなってしまいます。「きちんとできたら認めてあげる」「100点を取れない子ならいらない」といった条件付けの愛を繰り返しメッセージとして伝えることで、「できない自分は価値がない」と子どもを深く傷つけることになるのです。

本来、**自己肯定感は存在そのものをまるごと認められて育つもの。**できてもできなくてもあなたの価値は変わらない、あなたという存在そのものが大切なのです。

とはいえ、褒めること自体は自己肯定感を育てるのに有効です。

困難を乗り越えて初めて褒めるのは、いわばマイナスからゼロになって初めて認めてあげるという状態です。そうではなく、**そもそも完璧だけど、少しでもプラスになった時に多く褒めるという方法がおすすめ**です。

例えば、**お手伝いをしてくれた時に褒める**のはいかがでしょうか。小さいころからお手伝いをしてもらい、小さなことでもやってくれたら大げさなくらい褒めてみましょう。すると、「自分が必要とされている」という認識が自己肯定感に繋がります。家族という小さなコミュニティではありますが、「自分が人の役に立っている」と認識するようになるのです。

「人の役に立てる人間になりたい」と思う気持ちこそが、**自己肯定感に繋がる**のです。

日本人は諸外国と比べても自己肯定感が低いといわれています。日本人には謙遜の文化があるからとか、空気を読んで自分を出すことが許されないからなど、理由は様々かもしれませんが、私は**「自立」とも密接な関係がある**と思っています。

個人主義の欧米では、早くから子どもを自立させます。日本では赤ちゃんは親が添い寝をするのが当たり前ですが、欧米では別室でベビーベッドに寝かせるのが当たり前です。また、欧米は成人すれば実家を出るのが当たり前。自分の人生は自分のものであり、どう生きるかはすべて自分で決める代わりに責任も取る。そうしてつまずきながら成功体験を積むことが自己肯定感を育てるのに繋がるといわれています。

ただし、タイミングや本人の特性を考慮することは必要かもしれません。発達障害などを抱えている場合、失敗を繰り返し、人から責められることが多いと、自信を無くしてしまいます。そうした経験が、引きこもったり、孤独感を募らせたりということに繋がることもあります。自己肯定感が低すぎると、自立どころではなくなってしまいますから、社会に出た時、どうしてもフォローが必要なところは、対策を考えてあげることも必要です。人間、得意不得意が必ずありますから、頑張ってもできないことがあるならば、むしろ得意な分野で社会貢献できる環境をつくってあげましょう（Chapter 5「MI理論」参照）。そして、それでしっかり収入を得ることができるようになれば、自立することが可能だと思います。

いずれにしても、自己肯定感を育み、自立するために、親が見守りつつも、できることをどんどんやらせることが大切です。

ここで、幼児期から是非経験しておいてほしいお手伝いをお伝えします。

■小学校就学までのお子さま向けのお手伝い

①洗濯物をたたみ、自分のタンスにしまう

洗濯物をたたむことで、図形の認識や左右対称などの認識にも繋がります。また、タンスにしまう時の、隙間を空けてそこに入れていくという作業も大切です。

②料理を一緒に作る

料理はいろいろな工程を考えながら、道具を使って、食材を切ったり、煮たり炒めたり、学びもたくさんあります。イメージする力も鍛えられるため、クリエイティブな能力を育てるのに役立ちます。

③雑巾がけ、ほうきで掃く、お風呂掃除、庭の草むしり

実際に入試で掃除をさせる場合があります。雑巾がしっかり絞れるか、ほうきとちり取りをうまく使えているかなど、経験がないと難しいです。

■1年生以上のお子さま向けのお手伝い

就学までのお子さま向けのものに、次のものを加えていきましょう。

④お弁当箱は自分で洗う
⑤アイロンがけをする
⑥包丁の切り方や火の調節など、未就学の頃より高度な料理工程を追加する
⑦洗濯物を干したり、洗濯機を自分で回したりする

その家によって、お手伝いをする内容はいろいろあるかもしれません。妹や弟の面倒を見る、犬のえさをあげるなど、お世話系もいいですよ。

時間の感覚を正確に身体に刻む

成績が思わしくない人に共通しているのは、言動のすべてがゆっくりしていることです。せかせかしているよりはゆっくりの方が印象はよい場合もあります。問題は「一事が万事」おっとりしていることです。

「ゆっくり、何も考えずに過ごす時間」はもちろんあってもよいのですが、「やるべき時は頭をフル回転して短時間で集中する時間」と切り替えができる人になりましょう。

小学校受験をするお子さまにもすでにこの傾向が見られます。指示されたことに対して素早く動けるお子さまと、行動がワンテンポ遅くいつも人を待たせてしまうお子さまとでは、成績は大きく差がついてしまいます。

育児書によっては「早くしなさい！」という言葉は封印した方がよいと書かれていますが、マイペースなお子さまは人を待たせることや、集団で自分だけが遅れていることに対しての罪悪感がありません。「マイペース」といえば聞こえはよいですが、「自己中心的」ともいえますね。

私は授業の中で、子どもたちに次のような指示をすることがあります。

「目を瞑《つむ》って10秒経ったと思ったら手を挙げてくださいね」

これ、驚くことに成績が優秀なお子さまは非常に正確なのです。一方、成績がイマイチなお子さまは、なんと30秒くらいで挙手したりします。「いーーち、にぃーーい、さぁーーん」という数え方なのです。

時間の感覚を調べる方法はほかにもあります。「1分は何秒ですか？」「1時間は何分ですか？」「1日は何時間ですか？」「1週間は何日ですか？」という問いに対して、成績がよいお子さまはしっかり答えられます。

「この子がぐずぐずしているせいで、いつも時間がない」と嘆く、その親御さん自身がマイペースということはないでしょうか。

自分は時間の管理ができない、計画も立てられないのに、子どもにだけ「早くやりなさい！」と押しつけ、無茶を言っている場合もありますので、まずはご自身の日頃の生活を顧みてくださいね。

今すぐストップウォッチを買いに行こう

「うちの子は行動がゆっくりしているから、なんとかしなければ……」と思う方のために、今すぐ取り組めることをお教えしましょう。

用意すべきものは次の４つのものになります。

・24時間の円形のスケジュール計画表（68ページ上段を参考に親子で作成する）
・ストップウォッチ
・アナログ時計
・カレンダー

毎日親子で翌日の予定を話し合い、スケジュール表を作成しましょう。そして、食事やお風呂を決めた時間で終えるよう時計を見ながら生活させ、朝起きる時刻に合わせて目覚まし時計も自分でセットさせましょう。長くなりがちな自由遊びの時間は、終了5分前には片づけに入る約束にし、守れなかったら次の日の自由時間が削られるというルールにします。

なんだか窮屈だと思われるかもしれませんが、集団生活では当たり前のことばかりです。授業の始まりや終わりの時刻にチャイムが鳴らない学校もありますから、自分で時計を見ながら動けるようにならなければ、集団生活についていけません。

小学生以上のお子さまは、24時間の円形のスケジュール表ではなく、68ページ下段のような1週間の予定表を作成しましょう。1週間の大まかな予定を立て、実際にはどのように過ごしたのかを下の段に書くという方法です。これで無意味に過ごしていた時間や、できなかったことが可視化されます。

ストップウォッチは特に小さなお子さまの時間管理に最適なツールなので、今すぐ準備しましょう。残り時間が視覚的に見えるアナログの「タイムタイマー」や、100円均一のお店で売っているキッチンタイマーもシンプルでわかりやすく、おすすめです。

ストップウォッチは小学校受験のペーパー対策に必須です。1枚解くのにかかる時間を設定し、最初は設定時間中にできなくても、設定タイムをクリアできるまで繰り返し取り組ませます。**この「繰り返し」がポイントです。**

■繰り返し行うことが時間の節約になる

人間は、覚えたことを忘れてしまう生き物です。楽器を演奏する方ならわかると思うのですが、ある曲をどれだけ完璧に演奏できるようになろうと、しばらく時間を置けば忘れてしまうものです。スポーツや芸事で昭和生まれの指導者が「1日休むと取り戻すのに3日かかる」などと言うこともありますが、「人間は覚えたことを忘れてしまう生き物」なのですから、今日できていたことでも明日にはできなくなっていることがあるのは当たり前ですね。忘れてはいけないことなら、同じことを繰り返しする必要があるのです。

「昨日はできたのに何でできないの？」と子どもを責めても仕方ありません。お子さまが忘れてしまっているようなら、「忘れちゃったよね。もう1回やってみようか！」と前向きな声かけで学習に苦手意識を持たせないようにしてください。

そして、間が空いたら再度やらせてみて、できなくなっていたら思い出させるために同じことを繰り返しましょう。

「何度も同じことをやらせるのは時間の無駄では？　それより先に進ませなくては」と思う気持ちもよくわかりますし、焦れば焦るほどそのような思考になっていくと思います。しかし、復習までの時間が空けば空くほど、思い出すのも大変になっていきます。結局は忘れないうちに復習する方がよほど効率よく、時間の節約に繋がるのです。

ここで1つお伝えするならば、記憶力というのは人間が生きていく上で大切な部分であり、個々に差が見られるものです。分野によっては、1度見たら記憶から消えないという人も稀にいますし、一瞬で忘れてしまうという人もいます。脳の構造が大きく影響していますので、後にお話しする記憶力が低下すると言われていることは慎みましょう。

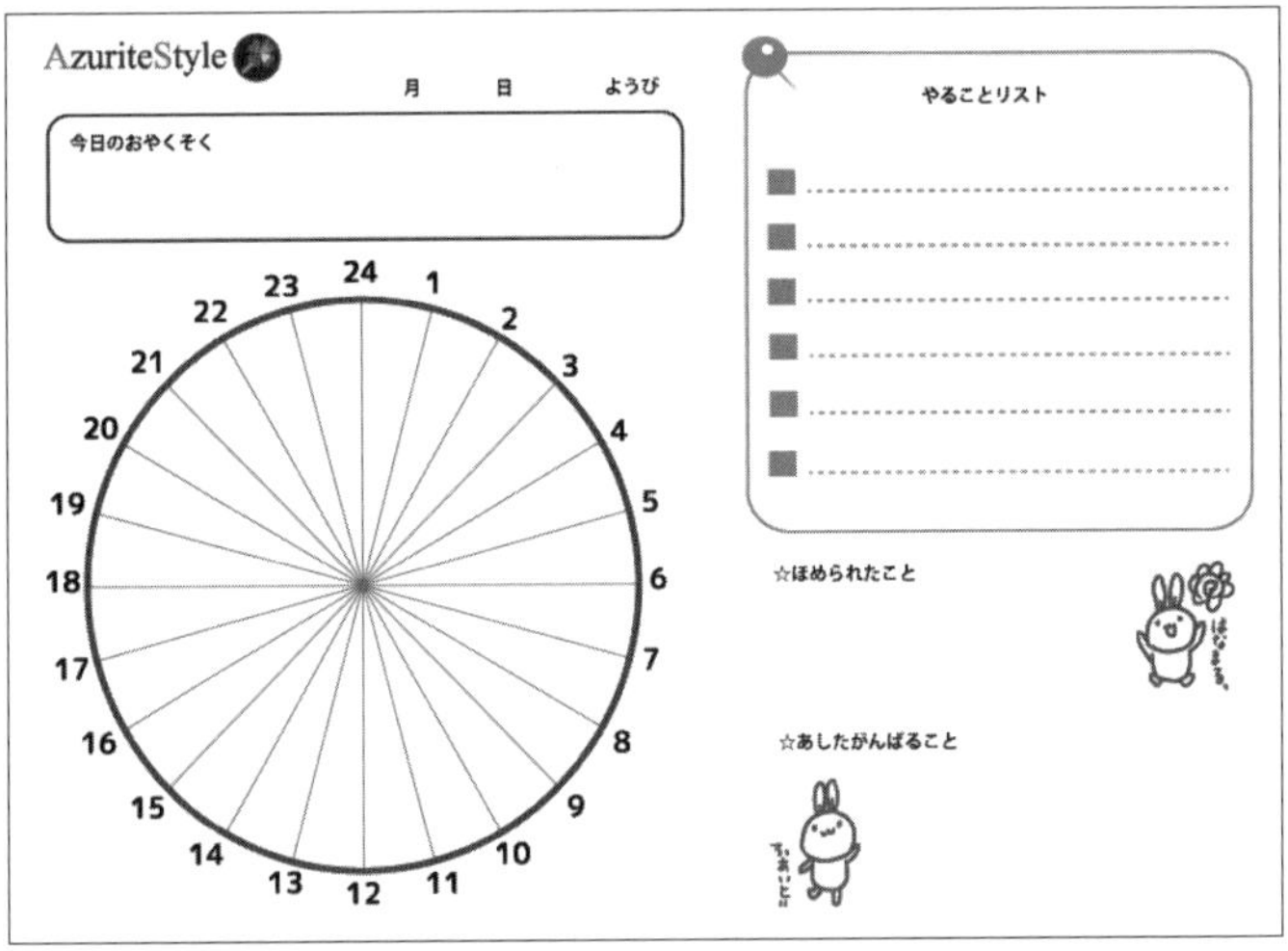

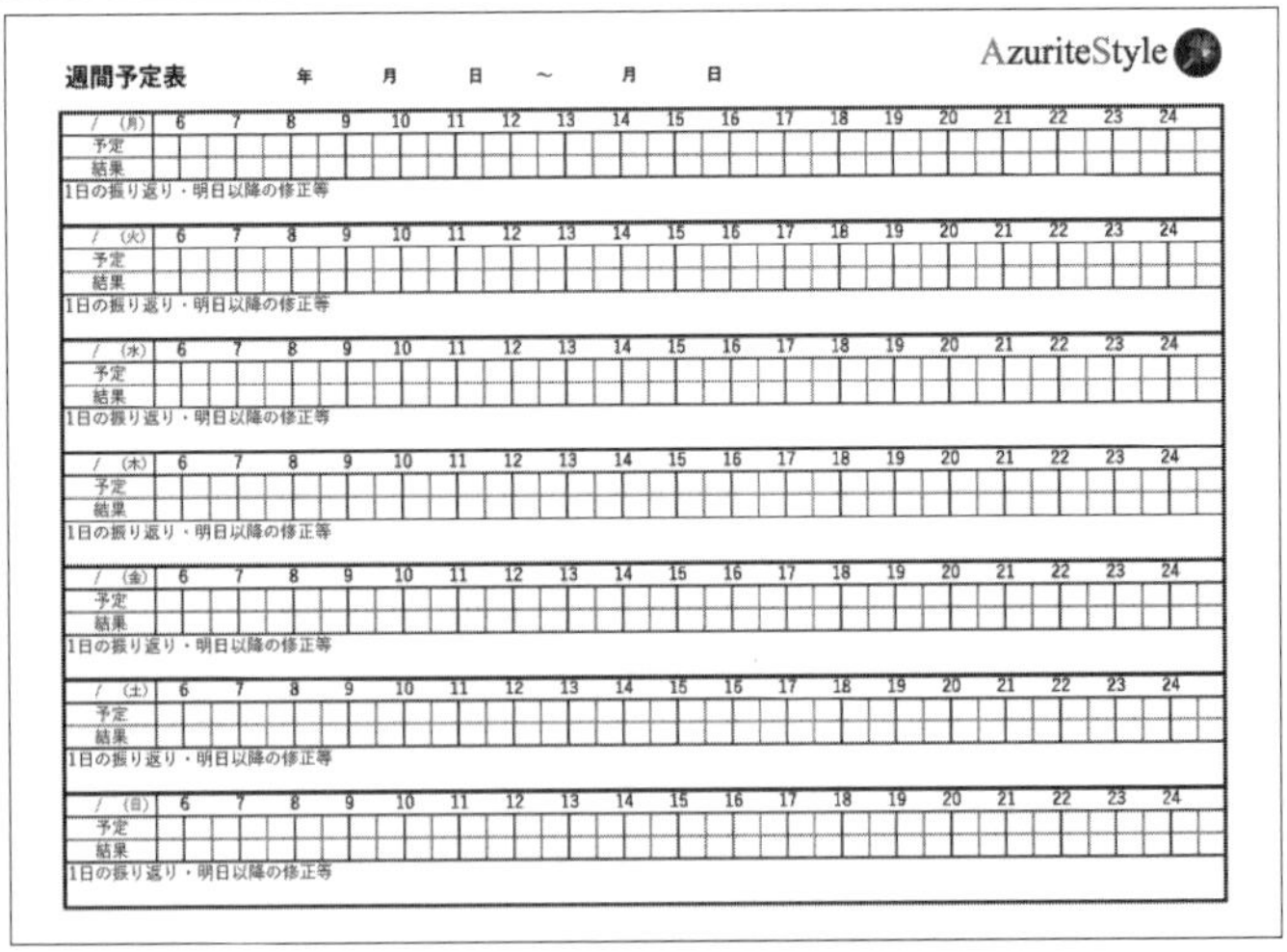

AzuriteStyle

週間予定表　年　月　日 ～ 月　日

/ (月)	6	7	8	9	10	11	12	13	14	15	16	17	18	19	20	21	22	23	24
予定																			
結果																			
1日の振り返り・明日以降の修正等																			
/ (火)	6	7	8	9	10	11	12	13	14	15	16	17	18	19	20	21	22	23	24
予定																			
結果																			
1日の振り返り・明日以降の修正等																			
/ (水)	6	7	8	9	10	11	12	13	14	15	16	17	18	19	20	21	22	23	24
予定																			
結果																			
1日の振り返り・明日以降の修正等																			
/ (木)	6	7	8	9	10	11	12	13	14	15	16	17	18	19	20	21	22	23	24
予定																			
結果																			
1日の振り返り・明日以降の修正等																			
/ (金)	6	7	8	9	10	11	12	13	14	15	16	17	18	19	20	21	22	23	24
予定																			
結果																			
1日の振り返り・明日以降の修正等																			
/ (土)	6	7	8	9	10	11	12	13	14	15	16	17	18	19	20	21	22	23	24
予定																			
結果																			
1日の振り返り・明日以降の修正等																			
/ (日)	6	7	8	9	10	11	12	13	14	15	16	17	18	19	20	21	22	23	24
予定																			
結果																			
1日の振り返り・明日以降の修正等																			

このファイルは、アジュライトこどもスクールのホームページよりダウンロードできます。

100％成績が上がる！　マネジメント力をつけよ

子どもの成績が100％上がる方法があります。どなたにも、一刻も早く身につけてほしいその力はずばり**「マネジメント力」**です。

成績が思わしくないお子さまの親御さんに「毎日スケジューリングをしていますか？　時間の管理をしながら行動させていますか？」と訊くと、言葉を濁す方が多いように思います。

小学生から高校生まで、成績が伸び悩んでしまうお子さまは、スケジュールを立てる習慣がなかったり、立てても大雑把なものだったり……。かつて私が家庭教師をしていた時も、「何とかして、成績を上げてほしい」という親御さんの思いを受け、**勉強を教えるより先に計画表を作る**ようにしていました。

受験先が決まったなら、今の本人の持っている力との差を確認し、残った時間と照らし合わせて、どれくらい成績を上げればよいのか、そのためのタスクがどれくらいあるのかを分析します。

私はこの**「分析」が受験において一番重要**だと思っています。分析はいろいろありますが、**分野を細分化したり、数値化したりすることで、優先順位を決めることで**す。より細かく分析することで、やらなくてもよい課題も見えてきます。そして、受験までの時間に何をいつどれだけやるのかを当てはめて、計画を立てます。やみくもに計画を立てるのではなく、**分析をしっかりするのがマネジメントの肝です。**

入試までにたっぷり時間があったとしても、このマネジメントをおろそかにしているとあっという間に時間が過ぎ、成績が上がらないままになってしまいます。

受験を制するのは、間違いなくこのマネジメントスキルがある人です。受験だけではなく、資格取得でも仕事でも、マネジメントスキルは一生使えます。

マネジメントは、中学受験までは親がやってあげる必要があるでしょう。高校、大学となると、お子さま本人がマネジメントをする割合が増えるので、それまでにやり方を教えてあげるとよいですね。

どのような性格のお子さまでも、**マネジメント力を幼少期から教えることで、必ず**

結果に結びつけられる人間になると思います。兄弟姉妹、全員が高学歴という「優秀なご家庭」は存在しますが、遺伝的要素はあるものの、このマネジメント力を両親から教えられている場合が多いのです。マネジメント力は、放っておいて勝手に磨かれるものではありません。

人生において無駄な時間は大切ですし、無駄だと思っていた時間も、後から振り返ってみれば実は無駄ではなかったと気づくこともあるかもしれません。しかし、受験においては、私は徹底的に無駄を省く派です。なぜなら、まず何をおいても**たっぷりの睡眠時間を確保させたいから**です。

また、お子さまが自由に使える時間もしっかりとって好きなことをしたり、リラックスしたりする必要があります。受験のことばかりを詰め込めばよいというものではなく、この余白の時間がなければ確実に勉強のパフォーマンスが落ちるからです。

大人でも、休憩や息抜きの時間を取らずにずっと仕事ばかりしていては、次第にパフォーマンスが落ちるのは想像できるでしょう。

また、勉強以外にも何か打ち込めるものがあるほうが成績は上がります。そこに費やす時間は非常に重要で、計画に入れてほしいくらいです。

「成績を上げたい」という切なる願望があるならば、今すぐ、マネジメント計画を実践しましょう。

習い事のおすすめはピアノとスイミング

受験で勝つ子は**勉強のほかにプラスアルファ、打ち込めることは1つ以上ある**のが特徴です。早いうちから習い事をさせるのには大賛成です。

私自身も塾に通い始める小学校高学年までは、音楽関係（ピアノ・エレクトーン・声楽・合唱団・作曲）、スポーツ関係（スイミング・体操教室・テニス・バレーボール）、絵画・アトリエ・書道・茶道・ガールスカウトなど、たくさんの習い事をしました。忙しくはありましたが、習い事はどれも楽しく、母親が取捨選択するのに悩んでいた記憶があります。

昔も今も変わらず、日本で人気の高い習い事はスイミングとピアノです。この2つの習い事のメリットについては科学的に根拠があり、私もまずはおすすめしたいと思います。

スイミングで人間的な成長を目指そう

日本のスイミングスクールのシステムは実によくできています。

第一に、わかりやすく級があることです。進級テストに合格しなければ上の級に上がれません。これは子どもにとてもよい影響があります。進級という目に見える目標があれば、そこに向かって練習を積み重ねなければならないことを学べます。進級テストの日時も決まっているので、定期的にやってくるテストに臨まなくてはなりません。

第二に、陸上スポーツと比べれば身体に負荷がかからないのも特長です。水泳は高齢になってもできる数少ないスポーツです。一度技術を身につければ、一生筋力や体力をつけるのに役立ってくれます。

しかも、陸上よりも水中の方がお子さまにとって過酷な環境ですから、苦しさに耐える忍耐力も身につきます。水は人間が生きていく上で必要不可欠なものであり、その水に最も触れられるという意味でも水泳は素晴らしいスポーツだと思います。

スイミングを始めるなら、一番上の級を取る、もしくは「クロール」「平泳ぎ」「背泳ぎ」「バタフライ」の基本4種目が泳げるようになるまで続けるなどと目標を決め、クリアするまではやめないことを約束しましょう。それまでは子どもが嫌がっても安易に聞き入れないことです。どんなに苦しくても頑張って乗り越えた時にこそ人間的成長があるからです。

音大生時代にスイミングスクールでコーチのアルバイトをしていた私としては、**始めるなら幼児期からをおすすめ**します。なぜなら、いきなり始めて泳げる人はおらず、最初のうちは顔を水につけて潜るというような幼児が大半のクラスに入らなくてはいけないからです。ベビースイミングもあるくらいですから、大きくなってからでは自分よりも小さい子ばかりのクラスで恥ずかしさや屈辱感を味わってしまい、やる気がなくなってしまうこともあります。いくら陸上スポーツができても水泳だけは別物ですから、習っていないと小学校に入ってから苦労することになります。ひと昔前と比べて**今やまったく泳げない人はあまり見かけなくなっているので、コンプレックスにならないようにしてあげましょう。**

■楽器の練習は成功体験の積み重ねにも繋がる

さて、次はピアノです。ピアノは昔から人気の高い習い事の1つです。『ホンマでっか!?TV』などでおなじみの脳科学者、澤口俊之先生は「人生の成功に関係する全ての基礎がピアノで高められる」と力説しています（ピティナ・ピアノホームページ『海外の音楽教育ライブラリポート』（菅野恵理子執筆）2015年7月掲載記事）。

ピアノは習い事の中で、最もHQ（人間性知能）が高まるといわれています。その中でも特にワーキングメモリ（一時的記憶と処理能力）が上がるというデータが出ています。

日本でも屈指の進学校である開成中学ではピアノを弾く授業が取り入れられており、開成高校では作曲の授業を選択すると、和声学やコードネームなどの、通常は音大でしか学ばないような知識を学ぶことができるそうです。

また、現役東大家庭教師7000人が登録する東大家庭教師友の会著『頭のいい子が育つ習い事』（ＫＡＤＯＫＡＷＡ）には、東大生にはピアノ経験者の割合が高いことが記されています。小学生でやめるのではなく、長く続けている人が多いのも特徴です。

　海外の名門大学であるハーバード大学、スタンフォード大学、マサチューセッツ工科大学では音楽学部を持っているだけでなく、違う学部でも音楽科目に力を入れています。


　ピアノは両方の手を使うため、右脳も左脳も鍛えられます。特に利き手でない薬指と小指は普通に生活しているとなかなか使いませんが、一番脳が鍛えられる指でもあります。そういう意味でヴァイオリンは、左手の指の神経と耳の神経を使う最も繊細な楽器だといわれています。1ミリでも指で押さえる場所が違うと音程が変わるので、ヴァイオリニストは頭脳派が多いですね。

　読譜（楽譜を読むこと）も脳の複数の場所を使うといわれています。ピアノの楽譜は楽器の中でも特に難しいとされています。なぜなら、ト音記号とヘ音記号の大譜表で同時に10本の指の音を読み取っていかなくてはいけないからです。ヴァイオリンはト音記号のみで同時に４つの音ですし、管楽器などもたくさんの音を同時には出せないので、ピアノの読譜はやはり複雑です。

ピアノ指導者の方はご存じでしょうが、曲を演奏する時につまずく箇所が、子どもから大人までまったく同じということがあります。普通に生活しているだけでは使わない脳の箇所を使わないと、そのつまずく箇所は弾けないのだと思います。最初のうちはうまく演奏できない箇所があっても、練習すれば必ず乗り越えられますから、成功体験を積むのにも音楽は最適です。同じことを繰り返すには根気もいりますが、乗り越えられた時の喜びは格別です。

耳が鍛えられる、情緒を安定させるなど、音楽にはほかにも素晴らしい効果があります。どのような楽器を弾くにしろ、**まずは音楽の基本がピアノ**です。音階というロジカルな思考も必要なため、是非お子さまに習わせてあげてほしいものです。

■その他、人気のある習い事

私自身ピアノ歴が長いため、ついピアノについて熱く語ってしまいましたが、ここからはそのほかの習い事についても見ていきましょう。

■英語教室、英会話教室

小学校の英語教育が必修となったこともあり、英語教室やお子さま向けの英会話教室は最近特に人気があります。日本の若者は他国の若者に比べて英語が苦手ですから、学ばせたい親御さんが多いのも頷《うなず》けます。

英語は母国語のように幼少期から触れていると話せるようになるだろうと思われている親御さんも多いです。そのせいか、早くから英会話教室やインターナショナルスクールなどに通わせる方も多いのですが、これだけでは話せるようにならない場合もあると感じています。単語が流ちょうに話せたところで、センテンスを使いこなすことはできないのです。それもそのはず。日本語の文法もままならない子どものうちでは、英語の文法を理解しようもありません。**まずは日本語の基礎をしっかりつくってからでも遅くはない**と思います。

小学校受験においては、特に単語に関しては日本語で言えるのが大前提です。しりとりの問題など言語常識分野では英単語を覚えていることでむしろ弊害が出てきます。「りんご→アップル」では解けませんし、「日本の童謡」の出題でも歌詞の意味がわからなければ対応できないでしょう。

英語の重要性が高まっていることは疑いようがありませんから、早い段階で学ばせることはよいことだと思います。何よりも外国人を見て物怖じしないお子さまにしてほしいですね。最近はオンラインの英会話などが手軽な価格になっていますので、そうしたものから始めるのもよいのではないかと思います。

■サッカーチーム、野球チーム

男の子に人気の高いこの2つの球技ですが、**チームプレーであることから、協調性を身につけられるのがよいところ**です。ただし、遠征や試合の時には子どもだけで行くわけにはいかず大人も帯同することになるなど、親御さんがそれなりに忙しくなることに覚悟が必要でしょう。

中学受験をする場合には、塾に通うためにサッカーと野球は活動に参加する日数を減らすなり、やめるなりの選択が迫られます。「サッカーをやめるくらいなら受験なんかしない」というお子さまの言い分が出てきても困らないために、どうするのかを始める前に決めておくのがよいかもしれません。「小学校5年生には塾が忙しくなるから、その時には一旦お休みしたり、行く日を減らしたりすることになるけれど、それがお約束だよ」などと決めておくことです。子どもがそのスポーツにはまればはまるほど、ある日突然やめさせるのはかわいそうすぎるので、親が上手に気持ちを切り替えさせる計画を立ててほしいと思います。

一番よいのは勉強もスポーツも両立すること。スポーツほど学びが多く、視覚機能を高められるものはありませんし、体力は受験においても人間形成においても基本だと思います。両立できる脳を幼少期からしっかりつくり上げることが理想的でしょう。

■バレエ教室

体幹が鍛えられ、美しい姿勢が保てるようになり、身体の柔軟性も得られるバレエは、親御さんが我が子に是非習わせたいと思うのも頷けます。ただし、バレエの先生の中には正座をさせることを嫌がる人もいるとお聞きします。一方、小学校受験では正座できることが必須の学校もありますから、受験の弊害とならないようにご家庭で気を配る必要があるかもしれません。

また、これはバレエ以外の習い事においても言えるのですが、バレエでは特に教室選びに注意しなくてはいけないでしょう。「こんなはずじゃなかった」という声が多く聞かれるのはバレエかもしれません。趣味程度にやらせたいと思っただけなのに、コンクールに出場する生徒が多数所属するような教室に入ってしまっては大変です。

年齢が上がるにつれ、ほとんどの曜日にレッスンが入り、他の習い事や通塾ができなくなることもあります。舞台を作り上げるわけですから配役にも影響します。チームプレーであっても、個人プレー感が強いため、人間関係がぎくしゃくすることもあります。

バレエ教室は月謝以外にも意外とお金がかかります。教室によって差がありますが、発表会の参加費用や衣装代に数万円から数十万円、シューズや練習着も成長に合わせて買い替えなければなりません。

また、バレエを極めたい場合には、将来どうなるのかも調べておきましょう。国内の一部の大学には舞踊や芸術関係の学部もありますが、一流を目指す人は進学しません。おそらく早い段階で留学することは間違いないでしょう。留学したもののうまくいかず日本に帰国しても、音大や美大などと違って大卒の肩書は得られませんので、つぶしが利かないというリスクもあります。

バレエは衣装も含め、お子さまにとっても華やかに見える世界ですが、始めるにあたっては親御さんが情報収集をしっかりしてくださいね。

■絵画教室（アトリエ）

絵画やアートなどを幼少期から習わせることに反対というわけではないのですが、先生がどういう指導をするかによると思っています。私自身も小学校時代、絵画教室とアトリエ教室の両方に通っていました。アトリエも制作をするだけでなく絵を描きますから絵画教室と重なるのですが、美術の感性や価値観は個性により変わってきます。人と同じ作品ではなく、人と違う絵が描けるようになるか、発想力が育まれる指導かも重要です。

ただし、小学校受験の絵画は「条件画」ですから、その対策はまた違ってきます。条件画とは「今日は運動会です。うさぎさん、いぬさん、ぞうさんがかけっこをしました。1等はいぬさん、2等はぞうさん、3等はうさぎさんでした」といったような文章どおりの絵、もしくは「家族で行った場所で思い出に残っているところ」の絵などです。個性を出すにしても、条件に当てはまっているかどうかが重要になります。

できれば、デッサンを取り入れている絵画教室をおすすめしますが、デッサンは美術の基本ですし、すぐに身につく技術ではありません。デッサンが得意なお子さまは距離感をつかむことや空間認知なども得意で、小学校受験でも実力を発揮しやすいです。実際、デッサンを入試に出す小学校もあります。お子さまは鉛筆で薄く細かく線を入れていく技術がないので、強い筆圧で輪郭のみを描いていく傾向があります。私の授業では、鉛筆のみで描かれた写真のようなデッサンを見本として見せますが、「鉛筆だけ？　うそー!?」と子どもたちはびっくりします。

絵画教室へ通っているのに、受験絵画をまったく描けない子もいます。受験する小学校により与えられる時間は違いますが、短時間（7〜15分）で条件を満たした絵に仕上げなくてはいけませんから、要領よく見栄えのよい絵を完成させる技術を教えなくてはなりません。

絵が苦手なお子さまに絵画の個別指導をする時には、芸術的な視点と受験絵画の視点の違いを必ず親御さんにお話ししながら指導しています。デッサンの必要性を説きましたが、慣れないお子さまや苦手なお子さまに写実的な絵を描かせるのはハードルが高すぎます。漫画のようなデフォルメされた絵から慣れさせた方が短期間で上達しますし、受験絵画の場合は役立つ場合もあります。そして、条件画の場合、擬人化させたお話を絵にしなくてはならない場合もあります。擬人化された絵本の読み聞かせをしてもらっていないお子さまはイメージもできませんから、絵本の読み聞かせが必須になってくると思います。

制作については、２Ｄの平面絵画より高度な脳を使わなくてはなりません。３Ｄで捉えなくてはいけないことと、手先の器用さなど巧緻性《こうちせい》も問われます。さらには、順序を考えたり、最低限の糊《のり》やセロハンテープでくっつけることを意識したりしなければ時間内に仕上がりません。お子さまは本能のまま手を動かす傾向があるため、糊は全面にべったり、セロハンテープも表面から見える部分に何枚も貼り付けるといった見栄えのしない制作物になりがちです。

絵画や制作に関して実力を上げたい場合、実は親御さんと一緒に取り組む方がよいと考えています。もちろん、大人の視点であれこれ口うるさく言ってしまっては、お子さまのやる気はなくなりますし、自分で考えなくなってしまいます。しかし、お子さまを放置して作らせても幼児性が抜けきらず、新しい技術も身につかないのです。そのあたりのバランスがとても大切だと思いますので、当塾では「脳を使う受験絵画と工作」という親子で受講いただくスタイルの授業も行っています。お子さまの特徴を伝えながら、大人が上手に助言し幼児性をなくすことで、絵画や制作の技術は上がり、子どものやる気も阻害しません。

　絵画教室へ通っているのに、一向に上手にならないというお悩みの方は、おそらく指導する先生がお子さまの本能やメンタル、脳の構造などをあまり理解されていないのかもしれません。

　いくつか人気の習い事についてお話ししてきましたが、取り上げた以外にも世の中にはたくさんの習い事が存在します。地域によっては珍しい習い事もあるでしょう。どんな習い事でも、学んでみたいという好奇心や、**最初はなかなかできなくても乗り越えて習得できると思えることが大切**だと思います。また、園や学校というコミュニティだけではなく、いろいろな人との関わりを持つことで協調性を学ぶ機会にも繋がります。幼稚園や保育園で課外授業として習い事ができるところもあるようですが、普段から関わりのある園のコミュニティより、別のコミュニティに入る方が、より社会性や協調性も学べるので理想的かもしれません。

「うちの子は、習い事には前向きではないのでやらせていません」とか「本人が嫌がるのでやめさせました」というような育て方だと、まさに「非認知能力」を伸ばす機会を奪うことになりそうです。好きなことや得意なことしか取り組もうとしない人間にならないよう、幼少期から親が心がけましょう。

第一印象のよい子どもに育てる

受験の面接対策としても、人生のあらゆる対人関係においても、**第一印象で人によく思ってもらえると有利になります。**

美醜の問題ではありません。もちろん容姿が美しい人はよい印象を持たれがちですが、「きれいだけれど、性格が悪そう」「男前だけれど素行に問題がありそう」といった負の印象を瞬時に持たれることもままあります。その人のことを知らないにもかかわらず、私たちはファーストインプレッションで相手の性格や人間性を勝手に読み取ってしまうのです。

私の経験から言えば、初対面で受けとった情報はほぼ当たります。私は人相学を修めていますし、職業柄いろいろな人と接するので、直観力は鋭いほうだと思っています。幼少期からそういう感覚があったのか、人間関係のトラブルは比較的回避してきたほうだと思いますし、関わった人が「こんな人だと思わなかった」と後になって印象が変わることも少なかったと思います。それだけ第一印象で判断できていたのでしょう。

どれだけ身ぎれいにしようと、うわべを取り繕おうと、心の中や日頃の悪習は隠せません。大人のみならず、子どもでも同じです。先生や大人の前ではいい子にしていても、大人がいなくなった途端、友だちに意地悪したりする子は人相に出てしまいます。

第一印象をよくするには心から。**心が美しい人は必ず外見にも表れてきます。**見た目は心に連動して驚くほど変わっていきます。

日頃から親子でネガティブな発言はできるだけ避けましょう。心の教育は必ず親子セットで行うことです。「面倒くさい」という言葉も厳禁です。人を蹴落としたり、他人の迷惑を考えずに自分の利益ばかりを追求すれば、悪い人相となって外見に出てしまうことを念頭に置きましょう。人相は、その人の心に応じてよくも悪くもどんどん変化することは、幼少期から教えておくべきですね。

きれいなものをたくさん見せよう

受験を勝ちぬくご家庭では、日頃から美術館に連れて行ったり、コンサートや演劇を見せたりするなど、お子さまを一流のものに触れさせる機会をつくっています。

きれいなもの、一流のものにたくさん触れることで、好奇心が湧いたり、感性が豊かになったり、創造性が養われたりします。最初は何もわからなくても、「あれよりこれのほうが好き」とか、「もっと同じようなものが見たい」と、少しずつ自分なりの審美眼が養われていくでしょう。

一流のものを見た経験は友人との会話の糸口にもなり、交流も生まれます。

「うつくしいものを　美しいと思える　あなたの　こころが　うつくしい」という相田みつをさんの有名な書があります。そして次のようにも語っています。

「子どもの心を育てるのに、むずかしい理屈や学問はいりません。美しいものを見たら、お母さんが、「まぁ、きれい！」と感動することです。美しいものに感動する心は、醜悪なもの、不正なものを拒絶する心ともなります。」（『一生感動一生青春』

文化出版局発行）

興味深いのは、美しいものに感動する心は悪いものを遠ざけるということ。幼い頃からきれいなものを見て親子で感動する体験を積んでおけば、邪悪なものをはね返す力になってくれるのかもしれませんね。「心が洗われる」という言葉もありますが、美には浄化の効果もあるのでしょう。美しさに感動することが美しい心をつくり、それが外見にも滲《にじ》み出て、いわゆる「オーラ」になっていくのです。

一番ダイレクトに第一印象をよくする方法は、**周りの人の幸せを願うこと**です。祝福のエネルギーはその人の持つオーラを美しくします。これはChapter 5で詳しくお話ししますね。

子どもの立ち居振る舞いで印象は変わる

小学校受験では必ずと言っていいほど面接試験や行動観察があります。それも、個別考査、親子面接といった複数の考査が行われるのが普通です。このことからわかるのは、**子どもの見た目や所作が重視されている**ということです。第一印象が大事とお伝えしたのはこのためです。

面接は付け焼き刃で何とかなるわけではありませんから、当塾では日頃から印象点を上げるための指導をお子さまにも保護者にも行っています。

■身だしなみをチェックしよう

さっそく、お子さまの身だしなみをチェックしてみましょう。

☑服に汚れや毛玉は付いていないか。

☑着古した感じはないか。

☑ボタン付きのシャツなら、一番上までボタンをとめているか。
☑シャツの裾をズボンやスカートに入れる場合、裾の一部がはみ出していないか。
☑寝ぐせやおくれ毛が飛び出していないか。前髪が目にかかっていないか。

■行動をチェックしよう

お子さまの行動については、次の項目をチェックしましょう。

①真っすぐに立ち、ずっと前を見ていられるか。
☑じっとしていられるか。
☑手がモジモジしていないか。
☑頭が動いたり、視線がキョロキョロしていないか。
☑お腹の重心が定まらず、片方の足に体重が乗っていないか。

②椅子に正しく座れるか。
☑上半身をお腹で支えているか。机にお腹をくっつけていないか。背もたれに寄

りかかっていないか。もしくは、肘をつき腕や手で身体を支えていないか。

☑背筋が伸びているか。

☑足がブラブラしていないか。

☑膝、かかとがくっついているか。

☑膝下が椅子より後ろに曲がっていないか。

③体育座りが正しくできるか。

☑膝を曲げる角度が緩く（膝の位置が低く）、足の位置が前過ぎないか。

☑上半身をお腹で支えているか。背中が丸まっていないか。

☑頭の位置が低くなっていないか。

☑長時間、体育座りをしていられるか。

☑靴下、上履きのマジックテープ、スカートの裾で遊びだしたりしないか。

④正座が正しくできるか。

☑膝をそろえているか。

☑上半身をお腹で支えているか。背中が丸まっていないか。
☑頭の位置が低くなっていないか。
☑全体重が足にかかっていないか。長時間正座ができるか。

⑤発音の仕方、しゃべり方に問題はないか。
☑口が大きく開いているか。母音がはっきり聞こえるか。
☑さ行・た行がうまく発音できるか。
☑赤ちゃんのようなしゃべり方をしていないか。
☑テンポがゆっくり過ぎたり、速過ぎたりしないか。
☑声が小さくないか。お腹からしっかり声を出しているか。

⑥お辞儀の仕方は適切か。
☑頭を深く下げた時に、身体が歪んだり重心がずれたりしないか。
☑頭を下げた時に手の位置まで下がってはいないか。
☑お辞儀の前と後に相手の目を見ているか。

最初からすべて完璧というお子さまは少ないと思いますが、**これらを正していくことで、お子さまの立ち居振る舞いは劇的に変わります。**

最近は体育座りのできない子どもが増えていると聞きますが、それは**腹筋の弱さが主な原因**だと思います。体育座りにより、内臓が圧迫される、腰痛の原因になるなどで廃止している学校もあるのですが、自分の腹筋で支えていれば問題ありません。昨今、子どもの体力不足が問題視されていますが、家庭で姿勢の悪いまま矯正されずにいる子が多いことを表しているようにも思います。いつも何かに寄りかかり、自分で長時間支えていられないことの弊害ではないでしょうか。

正座にも同じことが言えると思います。正座は足の形が悪くなるからと忌避する親御さんもいるようです。インターナショナルスクールに通わせるなら、正座ができなくても、さほど気にしなくてもよいかもしれません。しかし、通常の小学校受験では**床での行動観察やお弁当の時間は、正座が基本**です。長時間の正座を強いられますから、普段から慣れていないとすぐに崩れてしまいます。これまた腹筋が影響しており、身体を腹筋で支えることができれば、足に全体重がかかることはないため、長時間の正座でも疲れないのです。剣道・柔道・空手など武道はすべて正座ですよね。

神社で祈祷《きとう》していただく際に、小さなお子さまがきちんと正座しているのを見ると洗練されているなと思いますし、きちんとしつけられている印象を受けます。日本人であれば、美しい正座姿に目を奪われるものです。

正しい姿勢を保つことは、「視覚機能=脳機能」にも影響がありますので、幼少期から教えてください。これらは地球の重力との関係も深く、常に真っすぐでなければ、脳の働きにも悪影響が出ます。立っている時でも座っている時でも、何をしている時でも姿勢は大事です。

「うちの子は、いくら言ってもグニャグニャした姿勢でいてばかりで、きちんとできないのです」とお悩みの場合、ビジョントレーニング（Chapter 3参照）であっさり解決できるお子さまもいますので、一度、専門のトレーナーにチェックしてもらうことをおすすめいたします。

姿勢の悪さをそのまま放置しておくと、大人になっても苦労が絶えません。小さいうちに正しい姿勢が取れるよう、導いてあげたいものです。

遮断することで起こる弊害

教育熱心な親御さんの中には、インターネット、テレビ、ゲーム、漫画などを一切遮断してしまう方もいます。しかしながら、そういう子どもほど世の中の常識を知らな過ぎたり、融通が利かなかったり、精神的に幼な過ぎたりなどの問題があるのもまた事実です。世界を見渡せば、自国に都合の悪い情報を遮断している国もありますが、同じことを家庭で親御さんが施している場合もあるのです。

確かに、インターネット上には、よい情報も悪い情報も、正しくない情報も、何でもありますから、鵜呑みにするだけでなく、自分で善し悪しを判断しなければいけません。さらに、ほしい情報は何でも手に入ってしまいますから、自分の手や足で正しい情報を得ようという努力をしなくなります。YouTubeなどの映像は、お子さまでも楽しくてすぐに見入ってしまいます。スマホやタブレットの小さな画面ばかり見ていることで視野も狭くなり、視覚機能にも悪影響が出てしまいます。

テレビは画面から情報が一方的に出てくるだけなので、テレビばかり見ていては受動的になってしまいます。

ゲームは中毒性も強く、依存症にもなりかねませんし、バーチャルな世界観によって人間形成に悪影響を及ぼすともいわれています。

漫画は、頭の中で場面や状況をイメージしなくても内容が理解できることが多く、文章が短いので、文章を読まずに漫画ばかり読んでいては国語力は低くなってしまいます。

でも、テレビはニュースを始め、世の中で起きている情報を知ることができますし、人気のある芸人や歌手など流行を知ることもできます。スポーツで頑張っている選手の様子なども見られますし、映画やお笑い番組などを見て、感情を豊かにすることもできます。ＮＨＫ（Ｅテレ）『おかあさんといっしょ』などの番組は、季節感や道徳観、音楽的要素が満載で素晴らしい内容です。ＮＨＫ総合の大河ドラマは早くから歴史を好きになるきっかけを与えてくれますし、ドキュメンタリー番組などは映像や解説から学べることがたくさんあり、学校の授業でも使われることがあります。

入社が難しいといわれているテレビ局などは、幼少期からどのような番組を見ていたか面接で訊かれるのではないでしょうか。

ゲームは興味がなければまったくやらせる必要はないと思いますし、自分でコントロールできないのであれば、最初から与えなくてもよいと思います。しかし、東大生はゲーム好きが多いともいわれています。東大卒のプロゲーマーも実在します。

ただ、ご自身のお子さまを一緒にしてはいけません。友だち付き合いにゲームが絡んでくると抜け出せず、厄介なことになりますから、**必ずルールを決め、ルールを破った時にはペナルティを科しましょう。**

また、バーチャルな世界が身近になりすぎて、暴力的な発想になってしまったり、危険な行動がわからなくなったりもしますから、現実世界をしっかり見せることが何より大切です。

日本の漫画やアニメは、今や世界に誇れる文化の一つになっています。宮崎駿監督を始め、手塚治虫氏、藤子不二雄氏、松本零士氏などの作品は、世界的に知られるものになっています。絵を描く上でも、アニメや漫画は参考になります。素晴らしいカルチャーですから、名作はお子さまにどんどん与えてあげてよいと思います。ただし、先述したように**漫画ばかり読んでいては国語が苦手になってしまうこともあります。**長文嫌いになるでしょうし、自分の頭の中で場面や映像をイメージしなくなりますから、**必ず本も与えてほしい**と思います。

インターネットは、今や小学校でも使用できるようになっています。好奇心旺盛な子どもに、調べたいと思ったことはすぐに検索させてよいと思います。私も指導をしている時に、生徒の知らないことが出てきたら、すぐに映像で見せたり音を聴かせたりします。知りたい時にすぐ調べられるのは大きなメリットです。ニュースもテレビより早いので、世の中で起きていることがリアルタイムにわかりますね。

ただし、指先一つでなんでも手軽に調べられることから、書店や図書館に足を運ばなくなったり、自分の目で見て、身体を使って体験することを億劫がったりするようになる懸念はあります。実際、学生がウェブページからコピー＆ペーストしたものをそのまま論文やレポートに使ってしまうことは問題になっています。最近はＡＩが身近になり、チャットGPTなどもさっそく問題になっています。

インターネットにある情報は玉石混交であり、陰謀論や暴力、性コンテンツなど有害なものもはびこっているので、適切なフィルタリングは必要だという方は多いかもしれません。しかし、それに関して私は逆の考え方です。人間の心理として、**「見られない＝余計に見たくなる」**だと思うのです。何がよくて何が悪いのか、両方の存在を知ってこそ、怖さがわかるのではないでしょうか。実際、偏差値が高いと評判の学校は、規制が少ないといわれています。校則がなくても、自分で善し悪しが判断できるということです。反対に規制されていると、それをかいくぐり、どこからか仕入れてきたりするものです。

とある小学校の保護者面接では、「お子さまの性教育について、どのようにお考えでしょうか？」という質問が母親にされています。これは、母親が「性的なこと＝悪いこと」と決めつけていないか、遮断していないかを問われているのです。

教育熱心な親がすべてを有害と決めつけて遮断してしまうと、大人になっても善悪の区別すらつかない人間になりかねません。極端な話、常識が何なのかもわからず、すぐに騙されてしまったり、流行に遅れてしまったり、「こんなことも知らないの？」

と馬鹿にされてしまうことがあるかもしれません。**堅物人間の堅物脳にだけはならないように気をつけてくださいね。**

テレビを見ようが、ゲームをしようが、漫画を読もうが、ほどほどであれば構いません。とにかく、**読書をする習慣と、いろいろな場所に一緒に出かける習慣だけはつけてほしいのです。**

アナログ過ぎず、デジタル過ぎず、自然がつくり出したものと、人間がつくり出したものの両方に触れていくことが、バランスのよい発想力を生み出せるのではないでしょうか。

「世界は広い」を幼少期から体験させる

受験を勝ちぬくご家庭ではお子さまと一緒によく旅行に行っています。旅行を通して体験することは脳によい刺激をもたらし、視野が広がりますよね。大人でも感動するのですから、脳が成熟していない子どもにとっての旅行は、どのような勉強よりも脳が活性化する素晴らしい教材となります。

ただ机に向かって勉強させるより、旅行にたくさん連れて行く方がよほど経験値や知的能力が上がります。さらに、将来の進路について選択肢が増えたり、人生をかけて取り組みたい課題を見つけたり、クリエイティブなひらめきを得たりと、旅行のメリットを挙げればきりがありません。

私自身、地図帳を枕元に置いて寝ていたほど、様々な国や土地、多様な文化に思いをはせるのが好きな子どもでした。日本は47都道府県、ほぼ足を踏み入れましたし、海外旅行が好きなあまり、国内旅行業務取扱管理者だけでなく、総合旅行業務取扱管理者という国家資格まで取ってしまったほどです。いつかお子さま連れのご家族に優しいツアーが提供できるような旅行会社を起ち上げたいと思っています。

日本は外国人からも人気のある魅力的な国です。しかしながら、島国であることから、人種や文化、言語も多様とはいえず、世界の常識からかけ離れているところも多々あります。

世界の大学ランキングでは日本の大学の評価もイマイチです。

中学受験の入試問題もそうですが、日本国内しか見えていないような視野の狭い子どもでは対応できない問題も多いです。そのため、できれば子どものうちから日本を飛び出して、世界の広さを知ってもらいたいと思っています。

国立や私立小学校の面接ではこのようなことを訊かれることがあります。

「将来の夢は何ですか?」
「魔法が使えたら何をしたいですか?」
「一番好きな場所はどこですか?」

旅行によく行くような子はその経験を活かして、先生も驚くような面白い回答をします。

倍率の高い学校のふるいにかけられる場合、皆と同じ回答では先生方の印象に残らず、実力が拮抗している場合は不合格に振り分けられてしまうかもしれません。

例えば、「好きな動物は何ですか？」というシンプルな問いに対し、大半の女の子は「うさぎです」などと答えます。「なぜ、うさぎが好きなのですか?」とさらに問われれば、「かわいいからです」といった回答になってしまいます。男の子では「トラです」「かっこいいからです」というような感じですね。

しかし、旅行の経験を活かせば、「広島のうさぎ島といわれる大久野島に船に乗って行った時、たくさんのうさぎが私を出迎えてくれて一緒に遊びました。その時のことが今でも忘れられなくて一番好きな動物になりました」というように、自分の経験談を交えて答えることができるようになります。

欲を言えば**同じ場所に何度も通うよりは、できるかぎり様々な場所へ連れて行ってほしい**と思います。

ファミリーに人気のハワイは、頻繁に旅行するご家庭も多いと思います。それはそれでよいのですが、毎回同じホテル、ショッピング、ビーチのループにはならないようにしてほしいのです。ホテルを替えたり、レンタカーを借りて遠出したり、ハワイのマイナーな場所にも連れて行ってみてはいかがでしょうか。ホテルが替わればサービスや装飾品なども違いますから、それだけで子どもにとっては新しい刺激になります。それらの経験値が発想力にも繋がるのです。

さらに、ハワイに行く前に「アメリカのハワイ州」と、地図を見せながら教えてあげてください。

先生「好きな国はどこですか？」
生徒「ハワイです」
先生「ハワイは国の名前ではありませんよ」

これは、授業でよく聞かれる会話です。

すぐには旅行に行けなくても、**お子さまに地球儀と地図帳を見せてください。**いろいろな国があり、宗教があり、文化があり、日本が平和で恵まれた国であることも教えてあげましょう。

地球温暖化の影響や戦争の怖さ、同じくらいの年の子どもたちが飢えで亡くなっていることなども、幼い我が子に見せるのは早いかもしれないと思うのではなく、わかりやすく絵本や映像を見せて教えてあげてください。

そうすることで、**子どもたちは当たり前に暮らせていることに感謝の気持ちを抱き、将来自分が何をすべきなのかも見えてくるはずです。**


飛行機を怖がるお子さまはどうすればよいかですが、こればかりは「慣れ」です。徐々に長時間のフライトに対応できるようになり、過ごし方も工夫するでしょう。気圧で耳が痛くなった時の耳抜きも、やがてできるようになります。

窓からの景色は特別ですから、なるべく窓側を予約してお子さまに見せてあげましょう。私も帰省する時は、新幹線でなく飛行機を利用することも多いのですが、娘は「今、○○半島を通過中だよ」「○○川の形は面白いよ」と終始眺めています。幼少期から空の旅が大好きなお子さまにして、地球のスケールの大きさを実感させてください ね。

Chapter 3

受験を勝ちぬく強い身体と心を育む

睡眠時間だけは絶対に削ってはいけない

日本人は大人も子どもも世界と比べて睡眠時間が短いといわれています。

かつて「24時間戦えますか」というフレーズが有名になった栄養ドリンクのCMソングがあり、寝る時間を削って生産活動に充てることが美徳とされていました。それから30年以上が経過し、今では睡眠の本が書店の一角を占拠したり、眠れる食品やグッズが大流行したりするほど睡眠の重要性は誰もが知るところとなっています。

心身の発達途上にある**子どもの睡眠不足は将来にわたって取り返しのつかないダメージを与えます。子どもの健康を犠牲にしてまでやらせるべきことなどありません。**

受験と睡眠不足の関係について言えば悪影響しかありません。ほかの子どもが眠っている間に差をつけるどころか確実に失敗します。受験を勝ちぬく子は必ずしっかり眠っています。

睡眠不足が引き起こす弊害

子どもの睡眠不足には、少なくとも次のような悪影響があります。

脳――記憶力が十分育たない。集中力が低下する。

身体――免疫力が低下して体調を崩す。成長ホルモンが分泌せず十分に成長できない。代謝が落ちて肥満体質になる。

心――感情の抑制が利かなくなり、キレやすかったり落ち着きがなくなったりする。自己肯定感が育ちにくい。

寝不足の時に頭がぼんやりして注意力が散漫になったり、実力を発揮できなかったりした経験は誰にでもあるでしょう。

その日学習したことが眠っている間に整理され、記憶として定着するという話も聞いたことがあるかもしれません。眠らないと学習の成果が十分に出ないともいえるのです。

子どもの場合、さらに恐ろしいことがあります。記憶力をつかさどる海馬という脳の部分は睡眠によって大きくなるといわれています。幼少期に海馬が十分に育たないのは、記憶力の伸び悩みに繋がる可能性があります。

「寝る子は育つ」というとおり、**睡眠時に成長ホルモンが分泌されることで子どもは大きく育ちます。**成長期にしっかり眠らないと、十分に背が伸びないばかりか、運動能力にも影響を及ぼします。

睡眠は運動の疲労を和らげるばかりではなく、筋肉をつくる作用もあります。トップアスリートが睡眠の質にこだわるのはそのためでしょう。

睡眠不足は肥満と密接に関係することもわかっています。睡眠時はリラックスする時に働く副交感神経が優位になり、日中の活動時には交感神経が優位になりますが、眠らないとその神経の切り替えがうまくいかなくなり、昼間も活発に動けません。その結果、代謝が落ちてしまいます。また、睡眠不足になると食欲のコントロールができなくなるホルモンが活発になるともいわれます。

見逃せないのは心に対する影響です。日中嫌なことがあっても、朝起きるとケロリとしていることもありますが、これは眠っている間に記憶がリセットされるためです。眠らないと嫌な気持ちを翌日にそのまま持ち越してしまい、ネガティブな感情を引きずりやすくなります。イライラしてすぐにキレやすくなるのも睡眠不足の影響が考えられます。

小児科医で医学博士の成田奈緒子氏は著書『「睡眠第一！」ですべてうまくいく』（双葉社発行）の中で、「脳の育ちには段階があります。最初に古い脳がつくられ（中略）古い脳が土台となり、その後、新しい脳に学習したことを積み上げていくことができるようになるのです」と書いています。そして、「まずは古い脳をしっかりと育てることが重要です。そのために必要なのが、「午後8時に寝かす」ことなのです。毎日午後8時に寝かすうちにしだいに体内時計ができあがり、朝は自然に目覚めるようになり、食事もしっかり3食とれるようになります」と説明しています。

学習と関係の深い脳の部位である前頭前野は睡眠不足によってうまく働かなくなるため、睡眠が足りないと、当然学習に悪影響が出ます。同時に理性をつかさどる部位でもあるので、感情のコントロールがうまくいかなくなります。

睡眠については、こちらで書ききれないくらい、世界中で研究が進められていますが、大切さがおわかりいただけたでしょうか。

これは、子どもだけに言えることではなく、大人もまったく同じです。夜ふかしは老化を進めますし、病気になるリスクも上がります。眠る前に交感神経を活発にするテレビやスマホは見ない、静かに眠れる環境を整えるといった工夫も必要でしょう。

スケジュールを立てる時は、睡眠時間をまず確保して、そこからほかの予定を組み立てるとよいでしょう。

食事と食育の重要性

お子さまは、毎日食事をしっかりとっていますか？　朝食を抜いていませんか？　せっかく作ってもまったく食べてくれなかったり、食べる意欲がなく、ダラダラ、ちびちびしか食べてくれなかったりしませんか。

私は普段から、当塾の保護者の方たちに食育の大切さをお伝えしています。『成功する子は食べ物が9割』（細川モモ・宇野薫監修、主婦の友社発行）にも、食と活動意欲などの関連性について書かれています。そもそも食べなければ身体もだるくて動きたくなくなり、悪循環に陥ってしまうのです。

しかも、何を食べるかが最も重要なのですが、子どもが喜んで食べるものといえば、たいてい身体に悪いものばかり。

味覚が未発達な子どもは、苦味や酸味は腐敗物や毒物を見分ける本能から、どうしても嫌いになりがちです。反対に甘いものや塩味は生まれつき好みます。

脂質・塩分・糖分などが大量に含まれるジャンクフードやお菓子、ジュースは、子どもが好む要素が満載なのですが、それらをとり続ける生活は、身体だけではなく脳にも悪い影響があります。

そのような話をすると、「一流のスポーツ選手だって偏食家が多いではないか」と反論も出てくるかもしれません。確かに、朝カレーでおなじみの野球のイチロー氏や、チョコレート菓子ばかり食べていたという体操の内村航平氏、サッカーの中田英寿氏などの偏食は有名です。しかし、彼らは特殊なケースです。過酷なトレーニングに向き合う時間が1日の大半を占めていますし、何より彼らの身体を支える筋肉や体幹はスポーツ選手の中でも際立っています。つまり、偏食は一般人が真似をしたら不健康一直線です。専門の栄養士や料理人をつけて栄養管理を徹底しているアスリートの方が圧倒的に多いといわれていますよね。

食事は人間形成の要です。まずは栄養バランスを考えなくてはなりません。お肉もなるべく良質なものを適量、牛肉ばかりでなく鶏肉や豚肉も摂取しましょう。骨を嫌がって魚を食べないお子さまもいるようですが、焼き魚ほど頭のよくなる食べ物はありません。また、小麦粉の大量摂取については諸説ありますので、**パンや麺などから米食の割合を増やしてみるのもおすすめです。**

子どもは苦味が苦手とお伝えしましたが、多くの野菜が該当します。反対にじゃがいもやとうもろこしのような苦味のない野菜は好む子どもも多いもの。もちろん例外はありますが、苦手なものでも慣れていくうちにおいしいという感覚に変わっていきます。大人になったら、いつの間にか食べられるようになっていた野菜はありませんか？　嫌いだと忌避し続けていれば、ずっと食べられないままです。少しずつでも味に慣れさせ、嫌いな食材が1つでも減るようにするのが理想ですね。

お子さまに離乳食をあげていた時を思い出してください。ホウレンソウや小松菜のような緑の野菜をペースト状にしたものを食べさせたことがあると思いますが、嫌がって吐き出すことはなかったでしょうか。ここで苦味を感じた経験があると、その後も**「緑の物はまずいもの」と認識してしまいます。**

このようにインプットされてしまわないよう、出汁《だし》などの旨み成分や甘さ、塩分を少し足してあげるだけで、苦味を感じにくくなります。さらに片栗粉などでとろみをプラスするだけで、舌に残らなくなり食べやすくなります。そして、必ず親御さんが同じものを食べて「おいしい！」と大げさに言った後、お子さまに食べさせてあげましょう。「緑のお野菜っておいしいね」と言い続けることが大事です。離乳食の頃に、緑や赤、黄色など色の抵抗をなくす工夫は、後の偏食をなくす第一歩になります。離乳食の時期はとっくに過ぎているお子さまでも、もちろん大丈夫です。

当塾でも新型コロナウイルス感染症が流行する前に毎年行っていた夏期合宿では、テーマの1つに「食育」を掲げ、野菜を食べてもらう工夫をしていました。

食事は毎食ワンプレートに盛りつけ、メインや主食に加え、必ず野菜を数種類とデザートを添えます。デザートを食べるにはプレートに載っている野菜を食べなくてはいけないルールです。デザートはみんな大好きなので、野菜が苦手な子も頑張って食べるのです。食べた後には必ず「やった～！　食べられたね～」と褒めます。

合宿中に普段食べられなかった野菜を食べたことは、子どもたちの自信にも繋がります。お迎えに来た親御さんにお子さまの目の前で「〇〇君、毎回お野菜も全部食べましたよ！」と報告すると、親御さんはうれしそうに「すごーい、食べられたんだねー」と大喜びし、お子さまも得意顔になります。子どもはたった1回嫌いな野菜を食べただけでも、「トマト食べられるよ！」と自慢げに話したりするものです。

その野菜を食べたらスタンプを押す「野菜スタンプカード」などを作ってみるのもよいでしょう。こうしたアイテムがあると、すべてを制覇するために頑張って食べたりするものです。「今日もスタンプが増えた！」とモチベーションに繋がります。

もちろん、おいしく食べられる工夫は欠かせません。特に緑の野菜は白和《しらあ》えやごま和《あ》えがおすすめです。甘くて野菜の味を感じにくいので、意外とどのような野菜でも「おいしい」と言って食べます。お好み焼きにはネギをたっぷり入れても、お好み焼きソースをかければ難なく食べてくれます。

偏食の子の特徴として、普段から外食が少なく、親の食事しか口にしていないということもあります。いつも同じ場所で同じような料理。「また、これ？」ということになり、味が想像できてしまうとがっかりすることもあります。日本にはおいしいレストランが溢《あふ》れているのですから、お子さまが好きなファミリーレストランや回転寿司ばかりではなく、有名なシェフが経営するレストランなどにも是非連れて行きましょう。いつもの食材がまったく違う料理に変身していることで、新たな食の発見に繋がります。多少値が張っても、ホテルのビュッフェなどは、お子さまにとってプライスレスな学びがあったりするものですよ。

■中身は何？ クイズで楽しく食育

子どもたちに料理を食べさせる時、私は「この中には何が入っているでしょうか？」というクイズをします。自分が食べたものの中に苦手な野菜が入っていたとわかった時、子どもは「知らず知らずのうちに食べられた！」「意外とおいしいね」と苦手意識が薄れ、驚いたり喜んだりしてくれます。

私自身は、娘には早くから、「このメニューはどうやって作ったでしょうか？」という質問に変えました。娘は食べることが好きで、3歳の時には自分の意思で子ども向けの料理教室に通い、いろいろなメニューを作っていました。出汁をとったり、子ども用の包丁を使ったり、野菜の栄養素を学んだり。食育もしっかり学べる教室でしたので、通わせてよかったと思っています。

小学校受験の面接でも「料理」について質問されることがあります。「お母さんの作ってくれるお料理で好きなものは何ですか?」「作ったことはありますか?」「作り方は言えますか?」といった内容です。

この質問に対して、大概のお子さまはカレー、ハンバーグ、オムライスを出してきます。続けて「カレーには何が入っていますか?」と質問されれば、「にんじんとじゃがいもと玉ねぎとお肉です」といった返答になります。

食育がしっかりできているご家庭のお子さまですと、カレーの中身も「ナスやパプリカなど、季節のお野菜を焼いて載せています」といった感じになりますし、ハンバーグでも「根菜とひじきのお豆腐ハンバーグ」とか「すりおろし大根の和風ハンバーグ」といった、洋風ではないメニューが登場します。

小学校側が料理についての質問をするのは、ご家庭での食育や食文化を知りたいからです。どのような食材を使って、どのような調味料を入れて、どのような順序で作っているか。「おふくろの味」とはよく言ったもので、それを食べながらイメージするだけで、立派な食育になり、これを代々引き継ぐことができるのです。

私は毎日のお弁当や、家での食事も最低1か月は同じものを作らないようにしています。肉・魚をバランスよく、1食の中に食材も少しずつ、種類をたくさん入れて彩りよくすることを心がけます。**1週間で80品目が目安といわれていますが**、学校でアンケートを実施すると、80品目を超えている子は限りなく少ないそうです。

また、盛りつけ方も食欲をそそるかどうかに関わります。高級な食材を使わなくても、ホテルやレストランのようなメニューに見せることは可能です。それを実践できるようにするには、まずは親御さん自身がいろいろなところへ食べに行って学ぶことが大切ですし、日本はそれを学べる国だと思います。

最も目指してほしいのは**「お子さまランチ」からの卒業**です。レストランでメニューを見た我が子は、おもちゃ付きの「お子さまランチ」ばかりを注文していませんか？　食育がしっかりできていて、普段から食べることが好きなお子さまは、大人と同じようにメニューをあれこれ見て、そこから選ぼうとします。

要は、**大人と同じ味覚や視覚にどれだけ早く近づけられるかが食育のポイント**です。そのためには、家庭菜園などもよいでしょうし、一緒にスーパーマーケットに行って旬の食材を選んだり、産地を見たり、その食材を使って一緒にお料理してみたりすることが大切です。

食育についてのお悩みは多いのですが、ちょっとしたことで料理することも食べることも大好きなお子さまに変身します。共働きのご家庭が増え、食事の支度はお母さまだけではなく、お父さまがしていますという声もよく聞かれます。もはや、**男女関係なくお料理ができることが理想**ですね。

肥満体型は受験で不利になる

先日、飲食店で非常にマナーの悪いお子さまを見かけました。その子を連れているご家族は、なんと全員が肥満体型でした。薬や病気の影響で太ってしまうこともありますから、体型自体を非難すべきではないかもしれませんが、さすがに家族全員となると、あまりよい印象は持てません。

肥満は、小学校受験では確実に不利になります。運動考査でドタドタ動き、見るからに身体の重いお子さまは、どうしても不合格に繋がりやすいです。ご両親の面接のある学校では、家族の体型にも注目されます。実際、**難関校になればなるほど、肥満率は低い**です。なぜここまで肥満が受け入れられないかというと、「自己管理ができない」「抑制できない」「不健康な生活を送っている」「わがままに育っている」と不利に見られる要素が多いからです。

これは、欧米の「肥満体型は就職に不利になる現象」とまったく同じです。受験で勝ちぬくには、第一印象から健康的に見えるような体型を家族全員で目指すことが大切です。肥満は病気に繋がりますし、疲れやすく集中力も持続しません。親御さんが家族全員の食事をしっかり管理していないと、受験の結果を見て後悔することになりかねません。

食事と食育は、人としての基礎をつくる大切なもの。受験をする、しないに関係なく、親御さんには十分に気を配ってほしいところです。

目・鼻・耳が正常に働いているか

お子さまの指導をする時に、最も注意しているのは、**目・鼻・耳が正常に働いているかどうか**です。

大人も子どもも頻繁に起こりがちなのは**鼻づまり**です。花粉症や副鼻腔炎などで慢性的に鼻がつまっていると、脳の機能にも影響を及ぼします。マスク生活が長く続いたコロナ禍では、鼻呼吸が妨げられ、口呼吸になってしまったお子さまが一気に増えました。

あるお子さまのお母さまのお話です。

「先日、娘が幼稚園から持ち帰ったトマトの観察日記を見たのですが、ある日を境に、別の子が書いたのかと思うくらいぐしゃぐしゃの内容になっていて、とてもショックでした。何が原因だったのかもよくわからないんです」

それを聞いた時に私はピンときて、こう訊きました。

「お風邪をこじらせて、鼻づまりが起きていた時期ではありませんでしたか？」

「そういえば、ずっと鼻がつまっていて、頭がぼーっとすると言っていました」

「きっとそれが原因だと思います。頭に十分な酸素が送られず、思考が停止していたのだと思いますよ」


お口をポカンとあけていたり鼻水が垂れている人に、優秀な人はいません。花粉症の方などはわかると思いますが、大人でも花粉が飛散している時期や、鼻水の薬を飲んでいる時期はスペックが下がるものです。子どもなら、なおさら影響が大きいのです。特に脳が形成される時期である幼少期の鼻づまりは放置すべきではありません。

また、**鼻が悪いと耳にも影響が生じることが多い**です。中耳炎を繰り返しているお子さまは、慢性的に膿《うみ》が張り付いていることも多く、自覚症状がないまま放置されがちです。聞き取り問題や指示行動などで動きが取れない、発音に影響が出ている場合は、早急に耳鼻科を受診するようおすすめしています。こうしたお子さまは鼻と耳の両方に疾患があることが多く、勉強をする以前に治療を優先しなければ成績は伸びません。

※当社では2020年6月、マスク生活により口呼吸になることを懸念し、脳機能を妨げない「鼻呼吸できるマスク」シリーズを開発しました（特許出願中）。

ビジョントレーニングのすすめ

聴力に問題はないのに、聞き取っても意味がわからないなど、認識できないお子さまや、落ち着きのないお子さまは、**目に問題を抱えている場合があります。**

次に挙げる項目で、お子さまに当てはまっているものはないでしょうか？

- ☑ 手先が不器用
- ☑ 運動、特に球技が苦手
- ☑ 板書を書き写すのが遅い
- ☑ 理由もなく、よく転ぶ
- ☑ 1つのことになかなか集中できない
- ☑ よく似た文字や言葉を混同しやすい
- ☑ 机に向かっている姿勢が悪い
- ☑ 落ち着きなく、常に動いている
- ☑ 空気が読めない
- ☑ 説明の理解が乏しい

1つでも当てはまる場合はビジョン（視覚機能=脳機能）に何らかの問題を抱えている可能性があります。目といえば視力を思い浮かべる方も多いかもしれませんが、**視覚機能=視力ではありません。**ビジョンを改善すれば、これらのお悩みも解消されることがあります。

視覚機能検査（ビジョンチェック）は、専門知識を要したトレーナーでないとできません。日本では数少ないといわれていますが、欧米やオーストラリアなどでは「オプトメトリー（検眼医）」という眼科医と並んでビジョンケアを行う国の資格もあるくらいなじみのある存在です。日本のビジョントレーニング第一人者であるドクター・オブ・オプトメトリーの内藤貴雄先生は、著書も多数出版されています。当塾のビジョントレーニングスタジオも内藤先生監修の下、20年以上トレーニングを専門にされていたトレーナーが個々にプログラムを組んでいます。

当塾の小学校受験の合格率が高い理由の1つに、この専門トレーナーによるビジョントレーニングを取り入れていることが大きいのは言うまでもありません。

幼少期からずば抜けた能力を発揮していた女優の芦田愛菜さんや、実在の人物ではないものの『ドラえもん』に出てくる出木杉《できすぎ》くんなどは、視覚機能が高いと評価できるでしょう。

視覚機能は、小学校受験に限らず、中学受験、そのまた先の大学受験にもかなり影響します。

当塾では、お子さまだけでなく、親御さんの中にもビジョンチェックを受けられる方がいます。「ずっと球技が苦手でした」「手先が不器用で、昔から工作などが嫌いでした」といったお悩みも、ビジョンチェックをするとデータに顕著に表れています。そして、ビジョントレーニングを施すことで、様々なことが改善していきます。

お子さまの得意なことを増やしたいなら、ビジョントレーニングの導入はかなりおすすめです。視力も変動しますので、眼科での検査も定期的に行ってくださいね。

アスリートもビジョントレーニングを取り入れている

ビジョントレーニングは、最近でこそトップアスリートが受けていることを公表しだしたこともありますが、日本ではまだあまりなじみがありません。

プロ野球現役時代のイチロー選手は目がいいといわれていましたが、前述したとおり、**目のよさは視力ではありません。むしろ、視力はそれほどでもないのです。**彼の視覚機能を長年チェックしてきた、大阪府で「視覚情報センター」を営んでいる田村知則氏によると、当時のイチロー選手の視覚機能は突出していたそうです。

長年、数々のトップアスリートのトレーニングを担当されてきた当スタジオの専門トレーナーは、ビジョンチェックにおいて、「眼球運動」「両眼のチームワーク」「調節の柔軟性」「眼とバランス」「眼と身体の協調性」「周辺視」「瞬間視」「イメージング」の項目を調べています。

イチロー氏が中学時代、すべての成績が抜群だったという話は有名ですが、ビジョンが優位であればあるほど、勉強もスポーツもよくできるようになります。WBCで活躍した近藤健介選手はビジョントレーニングを公表している選手でもあります。近藤選手は大谷翔平選手が最も才能を認めている選手でもあり、野球以外のことも何でも器用にこなすそうです。村上宗隆選手や山田哲人選手もビジョントレーニングでスキルアップしていることを公表しています。

サッカーのワールドカップで活躍した三苫薫選手が筑波大学時代に書いた論文『サッカーの1対1場面における攻撃側の情報処理に関する研究』が注目されたのはご存じでしょうか。小型のアクションカメラを頭につけ、ドリブル中の視野を映像化して徹底的に視覚機能や情報処理について検証されています。

当スタジオの専門トレーナーによりますと、日本の代表選手と欧米・南米の強豪チームの代表選手とを比べると、上からのイメージ力に差があるそうです。広いグラウンド上では、距離間を認識し、誰がどの場所で動いているのかなど、上からのイメージで全体像を把握できる力が必要だそうです。身体の大きさではなく、視覚機能

＝脳機能がスポーツにおいては最も重要であり、その上で筋力アップをして、重心がぶれない身体とパワーを備える必要があるのです。

当スタジオのトレーナーも、あらゆるスポーツアスリートを見てこられましたが、選手たちは非公表お忍びでトレーニングに来るそうです。他人に教えたくないくらい効果を実感しているということですよね。


興味を持った方は、導入としてビジョントレーニングの本を読んでみるのはいいと思いますが、専門性がかなり高いので、適当な知識だけで素人が施しても効果がないことはお伝えしておきます。

受験もスポーツも分野ごとにトレーニングの進め方も違うので、やはり素人判断では難しいのがビジョントレーニングかもしれません。

※当社では2023年1月に「アジュライトビジョントレーニングスタジオ」をオープンし、幼児教室と連携してカリキュラムを提供しています。

本番に強いメンタルのつくり方

受験においてメンタルの強さが求められる時というのは、やはり「本番」です。「うちの子はメンタルが弱いから」と心配する親御さんは、きっと本番において失敗する我が子の姿を思い浮かべてはため息をつくことでしょう。しかし、必ずしも「メンタルが強くなければうまくいかない」わけではなく、不安をモチベーションにして、練習や努力を繰り返す方法もあります。

私が見ているかぎり、無邪気な幼児のうちは本番を恐れない子が多いのですが、年齢が上がるにつれて変化を感じます。例えばピアノの発表会など、小学校3年生くらいを境に本番前に緊張する様子が見られるようになります。つまり、知能が高くなるほど恐れが出るということであり、本番で緊張するのは成長の証《あかし》とも言えるのです。だからこそ、お子さまの知能レベルにあったメンタルの鍛え方を考慮するのがよいと思います。成功するまで何度も練習をして、「ここまでやったのだから大丈夫」と成功体験を身につけることは言うまでもないでしょう。

眼を瞑って本番をイメージしてみよう

さらにプラスアルファとして、**イメージの力**を使いましょう。毎年、小学校受験をするお子さまや親御さんには、目を瞑《つぶ》り、本番の流れを時系列ごとに確認しながら思い描いてもらっています。

当日の朝、目を覚ましたところから始まり、朝ご飯は何を食べ、電車に乗って学校に到着し、受付をすませ、控室で待ち……と、できるだけ細かくリアルに当日の空気や感情まで思い描くことです。

よく、具体的に思い描けたことは実現するといわれています。これはおまじないなどではなく、脳の仕組みを活かしたものです。

レモンや梅干しを見ただけでそれを食べていることを想像して唾液が出るように、現実に起きていないことでも脳は錯覚を起こすことがあります。想像することで脳はすでにひと足先の当日を経験していることになるので、本番にはそれを落ち着いてトレースするだけとなります。

元体操競技選手の内村航平氏は、演技をする前に目を瞑り、手を動かし、イメージしている様子がよくテレビに映っていました。彼のイメージする力は幼少期から桁外れだったといわれています。小学生時代の自由帳には、連続写真のように体操の技を切り取って描いたイラストが残っているのですが、私もそれを見た時、大変驚きました。小学生であそこまでしっかりイメージできて、それをイラストに表せる技術はすごいと思います。

演技の前にイメージする様子は元フィギュアスケート選手の羽生結弦氏も同じだと思いますが、頭の中で映像を起こす作業を幼少期からさせることは、すべてにおいて大事だといわれています。スポーツ選手に、試合場面の映像記憶が突出している人が多いのも、普段からイメージする脳を使っているということです。

そもそも映像すら起こすことができない幼児のほうが多いのですから、右脳を鍛え、イメージする練習を日頃からさせないといけません。毎日寝る前に1日を振り返る時間をつくり、親子でお話しするだけでもトレーニングになります。お子さまが映像を頭に出しているかどうかは目を見ればわかります。「えーっと、えーっと」などと言いながら眼球が上を向いていれば、一生懸命映像を絞り出しています。入試で頻出される「長文の記憶」なども、頭の中で映像を起こしている子は目を見ればわかります。それを授業中にチェックするのですが、キョロキョロしているお子さまは耳から音声として入るだけで、まったくイメージせずに終わっています。長文記憶や指示理解ができない子の特徴ですから、やはり右脳を鍛えることが大切です。大人でも睡眠中の脳波を調べると、夢を見ている時は右脳が活発に動いているそうです。

お子さまでもよく夢を見るタイプは、既に右脳が育っているのかもしれませんね。

当塾の生徒さんの印象に残っているエピソードがあります。

国立小学校の二次試験まで通過したお子さまが三次の抽選の日の朝起きてきて、「お母さん、抽選はお父さんにお願いして！　お母さんが行って、抽選を外す夢を見たの。お願いだからお父さんが行って！」と泣きながら懇願したのだそうです。お子さまの話を聴いて、急遽《きゅうきょ》お父さまが代わり、見事に合格を引き当てられました。６歳にしてすごい予知夢だったのかもしれません。

右脳が未熟なお子さまの場合、怖かった記憶だけが映像として残ることもあります。悪夢ばかりの場合は、心が疲れていたりPTSDのような心的ストレスに苛《さいな》まれていたりするかもしれませんから、日頃からお子さまの睡眠の様子には注意しておきましょう。

強いメンタルをつくる上で、怖い記憶しか映像に残っていないお子さまほど、成功することをイメージしにくいので、そういう意味でも、毎日の振り返りで**楽しいことをたくさん映像に残す習慣が大切です。**

集中して取り組む時間を積み上げよう

「1万時間の法則」という言葉を聞いたことはありますか？

在米ジャーナリストのマルコム・グラッドウェル氏の著書『天才！ 成功する人々の法則』（勝間和代訳、講談社発行）には、「どんな才能や技量も、一万時間練習を続ければ〝本物〟になる」と記されています。世界中の名だたるトップアスリートが、この1万時間の法則で結果を出し成功しているというのです。

私も日本で活躍するオリンピック選手やプロスポーツ選手、演奏家などを調べてみましたが、やはり当てはまっていると思うのです。

では、どれだけ努力すれば1万時間に達するのでしょうか。1日3時間の努力なら10年目に1万時間に到達します。1日10時間の努力なら、3年目で1万時間に到達する計算です。

若くして結果を残している人は、幼少期から毎日毎日努力を積み上げた時間が10代にして1万時間に達しているのだと思います。

元プロ野球選手・監督で有名な王貞治氏の言葉に「努力は必ず報われる。もし報われない努力があるのならば、それはまだ努力と呼べない」というものがありますが、これは1万時間以上の努力を積んだ人の言葉のように感じられますよね。

アーティスティックスイミングの名指導者、井村雅代コーチは、絶対に結果に結びつけることで有名です。井村氏の著書『井村雅代コーチの結果を出す力』（ＰＨＰ研究所発行）には努力の大切さを表す名言がたくさん詰まっています。

「『できない』わけがない。なぜなら『できるまでやる』から」。これは私が特に好きな井村氏の言葉です。

「自分ができなくて、隣の人ができる。だったらできる人が寝ている間に自分が寝ていてはダメです。コツコツと努力をする。それ以外に自分ができるようになる方法はありません」とも謳っています。

私はこれ以上の言葉はないと思うくらい、すべてに当てはまると思っています。

もし、あなたの結果が出ていないと思うなら、「今はまだ1万時間に達していない」という気持ちをもって努力を積んでほしいのです。

結果に結びつけたいなら、「僕（私）はみんなに負けないくらい、何度も繰り返しできるようになるまで頑張ったのだから、絶対に大丈夫！」と言えるくらいになれば、1万時間には程遠くても、強いメンタルで本番に臨めるはずです。

いつも人に負けてばかりで、結果が出ていないのに本人も親御さんも平気でいるようでは本番での成功には結びつきません。お子さまを本番に強い子にするのも弱い子にするのも親次第。さらに、プレッシャーだけを与える声掛けは厳禁です。

受験するご家庭の親子をたくさん見てきて感じるのは、**努力できるかどうかも、幼少期から育った環境が左右している**ということ。努力の基準は人それぞれ違いますし、さらに言えば、力の入れ方やメリハリのつけ方なども違います。時間の使い方でも、短時間で集中して取り組める人もいれば、ダラダラとしか取り組めない人もいます。

「1万時間の法則」はダラダラと取り組んだ時間も含めているわけではありません。あくまで**集中して取り組んだ時間の積み上げ**と認識してくださいね。

Chapter

4

強運・幸運を手に入れる

運のよい親子が受験を制する

あなたは「運」という言葉を聞いて、どう思いますか？
「なんだかうさんくさい」とか「他力本願で努力しない人が言い訳につかう言葉」などと考える方もいるかもしれません。実は、目に見えないものも、世界中で科学的に証明されていることは結構あるのです。ただし、それを記すとキリがありませんからこの章では抜きにして、運についてお伝えしていきたいと思います。

運について、あなたの考えは次の中でどれに一番近いですか？

A　ラッキーなことが多く、運に味方されていると思う。
B　どちらかと言えばツイていない。運に見放されていると思う。
C　ラッキーと思える時とアンラッキーと思える時の両方がある。
D　実力や努力が結果として出るだけ。運など関係ないと思う。

E　ツイているとかいないとか、あまり気にしていない。多分どちらでもないと思う。

まずはAの**「ラッキーなことが多く、運に味方されていると思う」**を選んだあなた。お考えどおり、**あなたは運のよい方です。**きっとあなたを護ってくださっている目に見えないご先祖さまや神さまのような存在がいるはずですし、それをキャッチして感謝できる方です。どうぞこれからもその考え方のままでいてください。

Bの**「どちらかと言えばツイていない。運に見放されていると思う」**を選んだあなた。「経営の神様」と呼ばれた松下幸之助氏は、自分の運がよいと思うかどうかを採用面接で尋ねていたことで有名です。松下氏はどれだけ優秀な人でも「運が悪い」と答えた人は採用しなかったといいます。

残念ながら**運が悪いと思うことでさらに悪運のスパイラルに巻き込まれてしまいます。**運が悪いと考える根拠となる悲しかったこと、辛かったことがいろいろあったのかもしれません。しかし、運が悪いだけの人も、よいだけの人もいません。試しにその日の「ラッキーだったこと、よかったこと」を振り返ってみましょう。「案外、運がよいのだな」と思えたら、きっと**幸運のスパイラル**にはまっていくことでしょう。

Cの「**ラッキーと思える時とアンラッキーと思える時の両方がある**」を選んだあなた。実際多くの方はこの考え方に当てはまるでしょう。アンラッキーな出来事からラッキーに転じることもあります。例えば、電車に乗り遅れたから時間をつぶそうと立ち寄った先で素敵な店を見つけたとか、よい人に出会ったとか。

今起こっていることはすべて完璧だという考え方もあり、アンラッキーだったことも何か意味があるはずと考え、**最終的にラッキーだった**と考えられるようになったなら、あなたは今以上に幸せになれるでしょう。

Dの「**実力や努力が結果として出るだけ。運など関係ないと思う**」を選んだあなた。このような考え方は実際に成功を収める人に多いものです。それだけの努力をしてきた証かもしれません。Chapter 3の「集中して取り組む時間を積み上げよう」でも書きましたが、「努力は必ず報われる。もし報われない努力があるのならば、それはまだ努力と呼べない」という王貞治氏の名言もあります。一方、北京五輪で4位に終わった羽生結弦選手の「努力って報われないなあって思いました」という言葉もあります。努力したのに報われないことは、人生でいくらでもあると思います。そのような時、自分を追い詰めたり責めたりしすぎないためにも、「運というものもある」と考えることも必要です。

しかし、何か事あるごとに「実力や努力の結果」と決めつけ、自分には何もできないし、立派な人間には敵《かな》わないと思ってはいませんか？

最初からあきらめてしまう人には、「運」が味方するはずもありません。何事も積極的に取り組み、失敗してもその原因を分析し、次の機会に向けて取り組むことで成功体験に繋がるのです。まずは一歩を踏み出す勇気を持ってください。

Eの**「ツイているとかいないとか、あまり気にしていない。多分どちらでもないと思う」**を選んだあなた。この選択肢はDと同じように思えたかもしれませんが、実はまったく違います。人生の機微についてあなたは少し鈍感かもしれません。これを機に運について考えてみてはどうでしょうか。

私は、受験を勝ちぬくには、そして幸せ親子になるには、運のよさが欠かせないと思っています。実力が拮抗しているような状況では、その差を埋めるものが運であり、受験や勝負事において運の存在感はさらに増すものだと思うのです。もちろん、運気という流れもありますから、よい時と悪い時の混在だと認識しています。もし結果がダメでも、次のもっと大きなチャンスに上乗せできた可能性もありますよね。

だからこそ、私は日頃から、ちょっとした景品が当たるくじ引きなどで運を使いたくないと思っています。宝くじやギャンブルなどはもってのほか。肝心な時のために、運は溜め込むという考え方で生活してみてはいかがでしょうか。

子どもの頃から願い事を書こう

願い事を「書く」というのは、想像以上にパワフルです。日本の子どもは将来の夢を持ちにくいといわれますが、そんな中で幼い頃から自分の目標や夢を具体的に書けるだけでも、すでに目標を叶える力が備わっていると言えるでしょう。

サッカーの本田圭佑選手、テニスの錦織圭選手、フィギュアスケートで活躍した羽生結弦氏、元プロ野球選手のイチロー氏などの卒業文集は有名ですね。注目したいのは本田圭佑選手が「世界一のサッカー選手になりたいと言うよりなる」と断言していること。もはや、ここまで断言できると具体的なプランまではっきり見えていたはずです。２０２３年にＷＢＣで活躍し、二刀流のメジャーリーガーとして活躍する大谷翔平選手が10代で書いた夢はほぼ現実になっているそうですから、現地で活躍を見ているアメリカ人も驚きですよね。

毎年、大人になったらなりたい職業のランキングが発表されていますが、公務員、会社員、スポーツ選手、パティシエは上位ランキング常連です。こうした結果を見ていつも私が思うのは、アンケートに答えた子どもたちは、どこまで具体的に目指す職業を考え、それに向けた準備をどこまで進めているのだろうということです。

同じ公務員でも、国家公務員の総合職・外務省や裁判所の職員といった超難関のもの、国家公務員の一般職・地方公務員の上級職員・国税専門官といった難関のもの、都道府県庁や市区町村役所の職員・消防官・警察官・自衛官など、難易度は様々です。警察官や自衛官でも、トップに立っている人たちは、学歴やキャリアも目を見張るものがあります。その職業になれたとしても、昇進試験に合格していかないと上は目指せないわけです。

華やかなイメージや安定性だけで考えたり、よく知らないまま将来なりたい職業を適当に挙げたりすることがないよう、幼少期から親が教えていかなくてはなりません。将来の夢は小学校受験の面接でも頻出されます。精神年齢や親御さんの価値観が反映されやすいので、次の項でお話しする「言霊《ことだま》」を意識し、具体的な答えが言語化できるようになるといいですね。

言葉の持つ力は侮れない

「言霊《ことだま》」とはどういうものだと思いますか？　「言葉が持つとされる霊力」を言霊といい、口から出た言葉には力があると考えられます。**口に出したことはよいことも悪いことも現実になると考えれば、言霊はとても大切です。**

発する言葉を一番聞いているのは、誰より自分自身ですから、ポジティブな言葉を積極的につかうよう心がけましょう。

夢や目標も言葉にするほど自分の意識にインプットされますから、何度も言葉にするうちに、いつしかその目標を達成するのが当たり前という意識に変わっていきます。

「口にしたくらいで夢が叶えば苦労しない」と思うかもしれません。でも、夢は簡単に叶わないと認識している人ほど、他の人の何倍も努力して、その場所にたどり着こうとします。

ただし、精神年齢が幼いお子さまほど大口を叩きがちです。年齢が高くなっても、具体的に考えずに「将来◎◎になりたい」などと言うのは、親御さん自身が具体的に考えていないことも原因ですから、日頃から大きな目標に到達するために、目先の小さな目標を立て、達成できるように促しましょう。

もちろん、夢は変わってもよいのです。現実が見えてくれば、ほとんどの場合は変わっていくものです。

しかし、**夢も目標もなければ、計画を立てることも努力することも必要がなく、自分のペースでダラダラ生活してしまいます。**

受験は、将来の選択肢を広げるわかりやすい目標でもありますから、有言実行できる人間形成に繋がる貴重な機会です。だからこそ、不合格に繋がるネガティブな言葉は絶対に避けなくてはなりません。

私の授業では、お子さまに毎回数分間のスピーチをさせています。慣れないうちはうまくスピーチできないお子さまもいるのですが、数をこなしていくうちに未就学児でも大人顔負けの言葉で堂々と発信できるようになります。スピーチは経験を積まなければいつまで経ってもできるようになりません。お題に対して自分の言葉で相手に伝え、現実にしていく力も養い、人を惹きつける言葉を選ぶようになり、ひいては言霊で幸せを自分に寄せる力を幼少期から培うことに繋がります。そのためには、日頃から子ども扱いせず、**我が子が目指すべき道を示し、夢を与え、どうすれば社会貢献に繋がるのかを親子で話し合うことが最も重要なのではないでしょうか。**

日本の行事を伝承して守り神を味方にする

小学校受験では、日本の伝統行事についての問題が頻出されます。このような問題が出るのは歓迎すべきことです。**先祖が守ってきた伝統にはすべて意味があります。**その意味をしっかり理解して、世代を越えて受け継いでいきたいものですね。最低でも次の行事は必ず親子で押さえておきましょう。

お正月——新しい年になり、年神さまをお迎えし、1年無事に過ごせるよう祈る
節分——立春の前日（旧暦ではここから新年）に悪いものを遠ざけるため、福豆をまき、鬼を追い払う
ひな祭り（桃の節句）——女の子の幸せと健やかなる成長を願い、お祝いをする
端午の節句——男の子の健やかなる成長を願い、お祝いをする
七夕——芸事や勉学に励む願い事を短冊に書き、笹の葉につるす
お盆——あの世からお迎えしたご先祖さまの霊をお祀《まつ》りする

お月見――秋の収穫を喜び感謝して、お月見団子を供える
七五三――子どもの成長を祝い、晴れ着を着て神社やお寺に参拝する
大晦日――1年の最後の日。除夜の鐘で煩悩をはらい、新年を迎える準備をする

こうしてざっと挙げると、健康や子どもの成長を願う行事の多いことがわかります。医療が進歩して、清潔で安全な生活が当たり前の現代では考えられませんが、昔は大人になる前に亡くなってしまう子どもが多くいました。「七つまでは神のうち」という言葉もあるほど、7歳まで生きる前にいつ「神さまのもとへ帰ってしまうか」わからないのが常だったのです。七五三のように、無事に3歳、5歳、7歳を迎えたことをお祝いするのもそのためです。

私は塾の授業の中で「**今、生きていることは当たり前でなく、感謝しなければならない**」と子どもたちに伝えています。行事をないがしろにしてしまうと、必死で命を繋ぎ平和な世界をつくってくれたご先祖さまの思いにも気づくことができません。行事に関係あるものすべてに意味があるので、なぜこれを飾り、この料理を食べるの

か、どのような意味があるのかを親子で話すとよいですね。

いくら入試で季節や関連性のあるものしか出てこないといっても、「お正月は冬」「七夕は夏」というように季節しか覚えさせないようでは意味がなく、「幸せ」を導けるとは思えません。


私の両親は80歳を超えた今でも娘と息子の幸せを願い、ひな祭りの時期にはひな人形の七段飾りを、端午の節句の時期には五月人形の三段飾りを出してくれています。私の娘のおひなさまは親王飾りだけですが、それでも出すのにひと苦労ですので、両親の思いには感謝しかありません。私も事あるごとに行事にちなんだ飾りやお料理を用意して写真に撮り、その写真を両親に送っています。そうすることで、父も母も行事が伝承されていることを喜び、遠くから娘や孫の幸せを願ってくれるのです。

難関校に合格するご家庭は、代々このような行事を受け継ぎ、親から子へしっかり伝承しています。親御さんが行事をあまりお祝いしないご家庭で育っていたり、他国の文化で育ったりした場合は、是非自分の代からお子さまに伝承してみてはいかがでしょうか。

お墓参りと寺社参拝が運を引き寄せる

一番最近お墓参りをしたのはいつですか？　ご自宅に神棚はありますか？ ご先祖さまを大切にすること、神仏を敬うことで、目に見えない存在から守ってもらいましょう。

受験を勝ちぬくご家庭は、お仏壇やお墓、神棚を大切にしています。 お彼岸やお盆にはお子さまとともにお仏壇のある本家に出向いたり、お墓参りをしたりして、ご先祖さまへ思いをはせてみましょう。仏花を供え、お線香をあげ、感謝することをお子さまに伝えてほしいものです。

また、ご自宅には神棚を用意されるのがよいと思います。神棚には神社で祈祷していただいたお札や、氏神さまのお札などをお祀りします。できれば天照大御神のお札を中心とし、その周りに氏神さまやごひいきにしている神さまのお札をお祀りして、毎日手を合わせましょう。お花屋さんに行くと、毎月1日と15日頃には榊《さかき》が販売されています。お子さまにも、お榊やお塩、お米、お酒などを神棚にお供えさせてみましょう。

なお、神棚に余計なものを置かないのは基本ですが、受験票や賞状などを一定期間神棚にあげ、感謝の気持ちをお伝えするのもよいことだと思います。

そして、機会があれば是非、お伊勢参りに行ってみてください。きっと、日本の神さまについて学ぶよい機会となるでしょう。

伊勢神宮は、日本人の総氏神である天照大御神をお祀りした皇大神宮を始め、豊受大御神という神さまをお祀りした豊受大神宮など、125の宮社からなります。

伊勢神宮はお願いを叶えてもらうために参拝するのではなく、**手を合わせる時は必ず感謝の意をささげることが大切です。**

伊勢神宮では御垣内《みかきうち》参拝（特別参拝）という、神さまにより近い場所まで宮司さまに先導していただいて参拝する方法があります。初穂料として2000円以上（2023年現在）をお納めすればどなたでもお参りが可能だそうです。服装など厳格な決まりがあるので事前に必ずご確認ください。

お伊勢さまも大事ですが、あなたやお子さまを守ってくださっている産土《うぶすな》神社や氏神さまを詣でるのも重要です。産土神社はその土地で生まれた人を守ってくれる神社であり、氏神さまはその土地に住む人を守ってくださる神さまです。

人気のパワースポットに行ってもまったくよいことがないという方も多いですが、人によりパワースポットは違います。受験によい神さまのところへ友だちと行っても、結果が出るのは一部の人だけになるともいわれています。ご縁のない神さまのところへ行くより、なじみのある産土神社や氏神さまのところへ行く方が、よほどお力になってくださると認識しておきましょう。

目には見えなくても、自分を守ってくださるご先祖さまや神さま仏さまがいること。日頃から感謝の気持ちをお伝えすることなく、都合の良い時だけ願掛けしても願い事は叶わないこと。これらを親御さん自身が認識し、手を合わせる意味をお子さまにも教えてくださいね。

「大安だからよい日」とは限らない

目に見えない世界は信じていないけれど、大安や仏滅といったいわゆる吉日や凶日を意識して行動している方はいるかもしれません。冠婚葬祭やお祝い事とも関係が深い上に、ご自身が気にしなくても関わるお相手が気にすることもあるので、吉日や凶日をまったく無視してはいられないでしょう。

受験に関わることでは、願書提出日を吉日にしたいというご相談を受けることもあります。よい日や悪い日を意識することで、教養とさらなる強運も手に入れられますので、知っておいて損はありません。

「大安」「仏滅」のほか「先勝」「友引」「先負」「赤口」の6つで「六曜」というのはご存じの方も多いでしょう。14世紀に中国から伝わった吉凶の考え方で、カレンダーに書いてあるのでおなじみですよね。

これをさらに詳しく記してあるのが**「暦」**です。高島暦は有名ですが、最近ではアプリでも確認できます。

私は何か新しいことを始める時や、大きなことをする日は暦を意識していますが、これがなかなか奥深いのです。

大安なら「よい日」だと考えている人は多いでしょう。しかし、暦を詳細に見ると**大安でもよくない日があります。**例えば、「受死日《じゅしにち》（最悪の大凶日で葬式だけ差し支えない）」「復日《ふくにち》（吉事も凶事も重なり、婚礼は再婚に繋がるので凶）」「不成就日《ふじょうじゅび》（何事も成就しない日で、結婚・開店・命名など、事を起こすと凶）」など。

反対に、仏滅でも**「天赦日《てんしゃにち》（年に5〜6回しかない最上の大吉日）」**「一粒万倍日《いちりゅうまんばいび》（一粒の籾《もみ》が何倍にも実る日。開店・種まきなどは大吉。借金は凶）」という吉日に当たっている場合もあります。ですから、安易に六曜だけで判断できるわけではないのです。

当塾では毎年、塾長である夫と明治神宮へ合格祈願に行ったり、寒川神社へ八方除《よ》けの祈願に行ったりしていますが、必ず祈願にふさわしい「神吉日（神社に詣でること、祖先を祀ることに吉）」の午前中に出向いています。午前中は太陽が昇るパワーが伴い、祈願にふさわしいとされているからです。

特に注意を促すとしたら、引っ越しやリフォームの日取りです。住まいというのは人の生活において最も重要なものですから、暦上でふさわしくない日「大禍日《たいかにち》（万事に大悪日で特に旅立ち・建築に凶）」や**十二直と二十八宿の暦注**（日付の他に記載されている注記事項）で移転にふさわしくない項目がある日はなるべく避けるようお伝えしています。

暦を気にして物事を進めたからといって、必ずしも結果が伴うとは限りません。しかし、古くから続いている業界などでは常識として知っておかなくてはならないこともあります。実際、私が大手企業に勤めていた時には、お得意先に失礼がないよう暦を確認しておくべしと教えられました。

暦についてまったく知識がない人でも、書店やコンビニエンスストアで暦の本が積まれている程度には気にする方が多いとの理解は必要かもしれません。

色がもたらすあらゆるパワー

皆さん、いつもどのような色の服を着ていますか？　また、どのような色の下着を身につけていますか？

身につける色は重要だといわれています。**いつも同じ色ばかり身につけていては、色のパワーが偏ってしまいます。**

「チャクラカラー」という言葉を聞いたことがあるでしょうか？　ヨガをやっている方にはなじみのある言葉だと思います。背骨にそって7か所あるチャクラには、下から赤、オレンジ、黄色、緑、青、藍色、紫の色があるといわれています。

私はカラーセラピーやパワーストーンセラピーなども教えているので、色のもたらすパワーを実感しています。

勝負に強い色は「赤」、まさにおめでたい色ですよね。還暦に赤いチャンチャンコ、赤いパンツは勝負パンツになるなど、影響力のある色になります。

ただし、赤は強すぎる色でもあり、落ち着きがほしい場合は**「青」**がよいといわれています。青は水を意味する色でもあるので、お金を流してしまうということから財布などにはよくないといわれています。

赤に話を戻しますと、赤の財布も「赤字」を意味しますし、火の気が強いところに赤を使うと余計に燃えてしまうのでよくないともいわれています。

健康運は「緑」、恋愛運なら「ピンク」、金運なら「黄色」、高貴なイメージは「紫」など、色にはたくさんの意味があります。

実は、**「黒」は注意が必要な色**です。**受験では「黒いスーツ」はタブーで、すべて「紺」になります。**これはお子さまも同じですね。

日本では黒も悪くないイメージかもしれません。結婚式の参列者で黒いドレスを着る女性も見かけるくらいです。しかし、結婚式に参列する女性のふさわしい服装は、幸せを意味する明るい色のドレスや、祝いの席にふさわしい着物でしょう。黒のドレスでも、きらびやかなデザインや、差し色として明るい色を足すなどした方がよいですね。私も授業がない日には紺ではなく、明るい色の洋服を着ていますが、見慣れない人には驚かれることもあります。

お子さまに絵を描かせた時、自分も含め、ご両親も黒ばかり着ていると、絵の中でも明るい色の洋服にしたがらない傾向があります。**絵画は「たくさんの色を使う」のが鉄則**ですので、髪の毛や目以外に黒を使うことはなるべく避けるように教えます。

アートセラピーの観点でお子さまの絵画を観察するのですが、何かに怯え、不安が強いと黒い絵になっていきます。不思議なことに、不安の強い状態だと、たくさんの色を使うように注意を促しても、自然と黒のクレヨンに手が伸びてしまい、黒い服、黒い背景などにしてしまうのです。その時は親御さんに「思い当たることはありませんか？」とお尋ねしています。その返答に「まったくありません」ということはほとんどなく、原因となる何かが必ず見えてきます。

部屋にあるファブリックも黒にしない方がよいといわれます。特にお子さまの部屋はなるべく明るい色を使って、性格が明るくなるようにしてあげてください。

運のよい部屋づくりで絶対守りたいこと

部屋のつくりからも、運をよくしたいと考える方もいると思います。勝負運や勉強運をよくしたいし、健康運も人間関係もよくしたい、などと考えると、風水的にパーフェクトな部屋づくりは難しいものです。さすがに壁を壊して間取りから作り直すというわけにはいきません。

当塾に通っている親御さんから、引っ越し先についてご相談を受けることがあります。その際、間取りや家から見た学校・職場の方角がよいかどうかも見るようにしています。

一番気にするのは「鬼門」と「裏鬼門」です。鬼門とは家の中心から見て北東の方角、裏鬼門はその真反対の南西の方角です。この場所にはできるだけ子ども部屋やリビングといった人が集う場所、玄関、トイレ、洗面、お風呂などの水場も置かないほうがよいとされています。ただ、日本の住居はバルコニーを南に配置することが多い関係もあり、条件を満たす物件にはなかなか巡り合えません。

でも大丈夫です。鬼門・裏鬼門には、神社やお寺でいただいた鬼門除けのお札を置けばよいのです。私たちも毎年、寒川神社で自宅と会社の八方除け祈願をして、お札をいただいています。

節分の豆まきはこれらを表した行事ですから、当塾の授業では恵方巻の意味や鬼門の方角などを教え、親子で認識を深めてから行事に臨んでもらうようにしています。

入れ替わりの激しい物件には何かがある

駅から近く人通りの多い場所なのになぜか繁盛していないとか、入れ替わりの激しい店舗物件を見ることがありませんか？　こういうところは風水的に何かあるというのが私の所感です。

実は私たちが開塾する時にも、このようなことがありました。ビルの3階に入るつもりで見学したのですが、大家さんから、そのビルの1階と2階はずっと同じテナントが入っているのに、3階だけはなぜか次々とテナントが入れ替わると聞かされました。

間取りを見てピンときたのですが、3階だけ西に勝手口がついていたのです。風水的に言うと西は金運関係に影響が強い方角です。そこに出入り口があったために、事業にあまり向いていない部屋だったのかもしれません。そこで勝手口の前に収納ボックスを置き、開閉が一切できないようにしました。おかげさまで12年の間、この場所で教室を継続できています。

厳密にやろうとすれば大変ですが、風水は意外と簡単に対処できるものも多いのです。もし今のお部屋が気になるなら、大きなリフォームや引っ越しを検討する前に、すぐにできる手当てを試してみてもよいのではないでしょうか。

よい散らかり方もある

風水には様々な流派がありますが、どの流派にも共通するのは、物の少ない部屋、きれいに整頓された部屋を推奨していることです。

お恥ずかしい話、私はすぐに物で溢れかえってしまい、「片づけの日」を決めて動かないときれいになりません。昔から自分の部屋の整理整頓が苦手で、両親にもよく叱られていました。ただ、臭いは非常に気になるため、キッチン用品や食器などは頻繁に食器洗い乾燥機を回しますし、洋服やタオルなどの洗濯物も頻繁に洗濯機で洗うようにしています。

実のところ、**子どもの教育という点においては、片づけすぎて無機質な部屋はあまりよくない**と考えています。スタジオジブリの宮崎駿監督やAppleの創業者の一人であるスティーブ・ジョブズ氏の机の写真を見たことがあるでしょうか。書類や本が高く積み上がり、お世辞にもきれいとは言えません。著名な作曲家なども部屋の中は楽譜で溢れかえっていた人が多いようですし、美術を志す人のアトリエは汚れた画材が所狭しと置かれていたりします。

ミネソタ大学のキャスリーン・ヴォース教授は「整った部屋よりも、錯乱した部屋で活動していた方が、人はよりクリエイティブになる」ということを研究で明らかにしました。脳の構造的なこともあるのかもしれませんが、クリエイティブな才能があればあるほど、そのようなタイプが多いようです。

片づけ大好きでシンプルライフを実践したいお母さまは、お子さまが廃材で何かを作っていたり、ガラクタを集めていたりするだけでもイラッとするようです。お子さまがいない間にこっそり捨ててしまうこともあるかもしれません。

私は、できればお子さまが創造力の豊かな人になれるよう、自由にできるスペースを与えてほしいと思っています。段ボールで自分の秘密基地を作ったり、廃材を何かに見立てて遊んだり、お母さまにとっては「何これ⁉」と思うような意味不明な物でも、お子さまにとっては頭の中でイメージを膨らませることのできる大切な物だったりするのです。一生懸命制作した物は二度と同じ物が作れないという思いになるかもしれず、もしも親御さんが勝手に捨ててしまったら、お子さまの心に大きな傷を残すことにもなりかねません。

ただし、物が多いのと汚れているのとは別のこと。ゴミやほこりを放置していては健康にも悪影響を及ぼし、アレルギーの原因にもなってしまいます。

東進ハイスクールの講師でタレントの林修先生も、頭のよい人の部屋は散らかっていることも多く、片づけられなくてもよい場合もあるとしています。散らかっていてもいいのは、積んである物を把握している場合と、散らかっている物が書類や本といったものである場合。食べかけの食品やペットボトルなどの有機的なゴミは、いくら場所を把握していても置きっぱなしにしてはいけません。

お子さまには、ゴミの分別の知識、掃除機のかけ方、雑巾がけ、食器の片づけ方や洗い方など、普段からしつけておきましょう。また、学校や幼稚園などの共同生活の場では、いくらお気に入りのものであっても散らかしてはいけないことも教えておかなくてはなりません。小学校受験では、お道具箱の中身を決められた時間内に整頓するという考査も行われることがあります。

また、部屋に置かれたものは、親子で日を決めて、定期的に分別しましょう。そして分別をする時、親御さんにとっては意味不明な物をお子さまが「捨てない」と主張したら、是非理由を訊いてあげてください。きっと想像を絶する面白い回答が返ってくるはずです。そうやって、クリエイティブな脳を育む方法があると、親御さんには知っていただきたいと思います。

Chapter 5

真の幸せ親子になるために

人の幸せを願うほど幸せになる

スピリチュアルな面からだけでなく、脳科学の視点から見ても「人の幸せを願うほど人は幸せになる」とされています。

脳科学者の中野信子氏は『科学がつきとめた「運のいい人」』（サンマーク出版発行）の中で祈りの重要性を説いています。「自分のことだけを考えた祈りよりも、自分以外のだれかの幸福も願った祈りのほうが「よい祈りだ！」と脳が判断する」のだそうです。そして、「脳が「よい祈り」と判断すると、ベータエンドルフィンやドーパミン、オキシトシンなどの脳内快楽物質（脳内で機能する神経伝達物質のうち、多幸感や快感をもたらす物質を一般的に総称した用語）が脳内に分泌されます」と書かれています。「ベータエンドルフィンが分泌されると、記憶力が高まり、集中力が増す」そうですし、「オキシトシンにも記憶力を高める作用がある」ということです。

人の幸せを願うことは、偽善でもなんでもなく、**自分自身も幸せになる近道**であることは間違いありません。

幼少期から自立する意識は最も大切です。さらに人の役に立つお手伝いなどを実行し、他人の笑顔を見るのがうれしいと思える利他の心を育む教育が重要です。最終的にそれが社会貢献に繋がり、立派な人間に成長していくことと思います。

ただし、生きるか死ぬかというような状況では、人の幸せを願う余裕は生まれないでしょう。ですから、親御さんに最も気をつけてほしいのは、虐待など恐怖を与えないことです。お子さまは自分を守ることで精一杯になり、利他の心にはたどり着けない脳になってしまいます。前頭前野の損傷により、大人になっても自分中心の思考回路になり、不都合なことはすべて責任転嫁するようになります。保身のために他人を攻撃するため、傷つける人を増やしてしまうだけです。**恐怖で縛りつける教育は幸せな人間を生み出さない**と認識しましょう。

母親のコミュニティは距離感を大切に

受験を勝ちぬくためには、よい集団に所属することも大切です。いくらご自身がよい心がけでいようと、周りの人が妬み、ひがみ、足を引っ張り合ってばかりでは、次第に染まってしまいます。

逆もまたしかりです。よい環境に身を置いていれば、自分がどうしても負の感情を捨てられなくても、自然と浄化されていきます。「朱に交われば赤くなる」「類は友を呼ぶ」という言葉のとおりですね。

よい環境選びは、幸せ親子を目指すのに必要不可欠です。他人への思いやりに溢れ、人の成功を我がことのように喜び、お互いに高め合い切磋琢磨できる――、そんな人が多い集団に身を置くようにしましょう。

しかしながら、いくら素敵な集団だったとしても、あまりにも近しい付き合いは避けるよう当塾でもお伝えしています。個人的な人間関係にまで口を出すのは差し出がましいとも思うのですが、実害が出ているのでやむを得ないのです。

どれだけ気が合う人でも、受験においてはライバルですから、士気の低下にも繋がります。相手に遠慮して、お子さまの実力や学習の進捗にかかわらず足並みをそろえるようなこともあってはなりません。

受験直前期になると、必ずと言っていいほど親御さんの間でおかしな噂が流れ始めます。例年の受験事情を知る私たちに言わせれば「そんなことはあり得ません」という返答にしかならないデマ情報なのですが、「幼稚園のママたちが言っていました」とか「○○幼児教室の先生が言っていたそうです」などという言葉を添えて噂の真偽を訊かれたりします。親子で神経質になっている時期だからこそ、理性的な方でもうっかり信じ込んでしまうようです。

余計な情報を耳にするのを避けるために、普段から誰とも付き合わないほうが安全だからと孤立してしまうと、それはそれで、よい情報も入ってきませんし、お子さまにコミュニティの大切さ、協調性を学ばせるのが難しくなります。

何より切磋琢磨できるよきライバル関係は、親子のモチベーションを上げるのに欠かせないものです。

近年、小学校受験の保護者の面接では、親同士の付き合い方について訊かれることが増えています。学校側が求めているのは、明らかに**「適度な距離感を保つことができる親」**なのです。SNSもしかりで、TPOを心得ていることは非常に重要です。

入試直前期にはお子さまが不安定になることもあります。それは周りの雑音に振り回されている親御さんが原因かもしれません。

親も子も、どっしり構えていられる強靭な心を養うために、「自分は自分」と言い聞かせることが必要不可欠です。

ただし、「強靭な心」といえども、先生など専門家の意見すら耳に入らないような堅物親子にはならないよう注意しましょう。

SNSの誹謗中傷とメディアに対する認識

前ページで、小学校受験の保護者の面接で親同士の付き合いについて訊かれることがあるとお話ししましたが、SNSのマナーについても言及されることが増えているように思います。

だからというわけではありませんが、「幸せ親子」を目指すために、SNSやインターネットへの書き込みについては親御さん自身も考えなければならないことが多くあると感じています。

私も日頃、ネットニュースやSNSなどで世の中の情報をチェックしています。オリンピックやワールドカップ、WBCなど、スポーツの国際大会で日本代表選手の試合が行われた後のニュースでは、一般の方から多数のコメントが投稿されますね。勝てば「素晴らしい！　感動した！」といった絶賛するコメントが、負ければ手のひらを返したような誹謗中傷コメントの投稿が溢れているように感じています。

たまたま目に入ってしまったニュースや発信を見て、「こんなこと、ニュースにすべき内容かしら⁉」とか、「よかれと思って発信しているのだろうけれど、この人の発信内容を不快に思う人もいるのではないのかしら⁉」と、ネガティブな感想を抱いてしまうこともあります。

誰にでもきっと同じようなことはあると思うのですが、重要なのはここからです。ネガティブな気持ちを発信して「いいね」をもらうことについて、あなたはどう思われますか。自分と同じ感情を共有してくれる人がたくさんいるとわかれば「ほら、私の言うとおりでしょう！」と思えてうれしいのかもしれませんが、その行為自体、幸せが返ってくるか疑問に思うのです。

日本代表のスポーツ選手に対する意見なども、叩くことは簡単にできるかもしれませんが、「では、叩いている人は同じことができるのですか？」と疑問に思ってしまいます。代表選手になるまでの努力や苦しみ、日本を背負うというプレッシャーなど、普通の人では到底たどり着けない領域に選手たちは身を置いているのです。自分ができないことを「叩く」という行為は、幸せを遠ざけてしまうと思っています。

もちろん、テレビを見ながらコメンテーターに共感するとか、結果を残念がる言動は、思わず出てしまうものなのかもしれません。

しかし、SNSやコメント投稿などは文章として残ってしまいますし、書いている人の顔や正体を見せないこともできるため、なりすますこともできます。あることないことを書いて拡散させることも容易にできてしまうわけですから、社会問題にもなっていますよね。叩かれた人は傷つき、一生忘れられなくなるかもしれません。それが事実無根で、自分を陥れるために書かれたものだとわかれば、余計に傷つき、時には恨みたくなくても恨むという感情に繋がってしまいます。誹謗中傷やネットいじめによる自殺者が後を絶たないのはそういうことが理由かもしれません。

だったら、よいことを書いて拡散すれば「幸せ」に繋がるからと、推しのアイドルなどを絶賛する投稿やコメントをいっぱい書けばいいのでは、と考えるのも安易すぎます。あなたが良かれと思って書いた投稿やコメントを見て不快な気持ちになってしまう人もいるかもしれません。それでは「いいね」の逆になってしまいます。

例えば、ネットショッピングやクレジットカードなどの不正アクセスであなたが騙されてしまったとします。同じような被害者をこれ以上増やさないよう、「こんな詐欺の被害に遭いました」という報告をするのは、悪いことではないかもしれません。

一方で、相手には悪意もないのに、誹謗中傷するコメントを入れたり、商品について大袈裟に評価を下げたりする行為はネガティブですよね。飲食店などの評価も、「おいしくない」「不味い」「サービスが悪い」などという評価は、個人的な感想でしかありませんし、ひょっとしたら他の人はそういう感想を持たないかもしれません。最近では同業者からの嫌がらせで、なりすまし評価されたという被害も増えています。

私は、購入した商品に不備があったり、飲食店で何か嫌なことがあったりして、ネガティブな感想を持つことがあっても、あえてレビューサイトなどに評価を入れることはしません。嫌な思いをした時は、直接お店の人にお伝えするようにしています。それも、他のお客さまに気づかれないようにこっそりお伝えするのが一番よいと思うのです。たいていのお店の人は、お伝えしたことについてきちんと対応してくださいます。直接お伝えしなくても、お店アンケートなどに記載してもよいかもしれません。

インターネットやＳＮＳのよくないところは、虚偽の情報が簡単に拡散できてしまうところです。

最近はどこの学校でも、受験にあたって知り得た他のご家庭の情報は絶対にＳＮＳに書き込まない、友だちにも無理やり訊かないなど、保護者会などでかなり強く指導されるようです。

安易な気持ちで、「友だちがやっているのだから大丈夫」と考えたり、「ここまでなら平気」という線引きをしたりしないよう、しっかり肝に銘じておきましょう。

人の見ているところではよい人を演じても、虚偽の投稿をしたり、誰かになりすましたりすることも罪になりうることを、日頃から親御さんがお子さまに対してしっかり教えることも大切です。

実は、当塾もインターネットの掲示板サイトで誹謗中傷のコメントを書き込まれる被害に遭ったことがあります。あまりにも悪質、かつ事実無根の内容を大量に書き込まれたため、弁護士に依頼してＩＰ開示請求をしたところ、まったく面識のない同一エリアの幼児教室経営者によるなりすまし投稿であることが判明しました。一方的に攻撃され営業妨害をされたわけですが、謝罪の意思がなかったことから、仕方なく民事裁判と刑事告訴を行いました。コロナ禍で一時裁判がストップしたこともありましたが、勝訴判決を得るまで、実に5年近くかかっています。自分たちだけでなく、誹謗中傷された当塾に関わる生徒さんやご家族などの傷は一生消えません。この件に関しては、掲示板運営会社・弁護士会・警察など、多数の協力がありました。自分たちが費やした時間とお金は戻ってきませんが、あの時の皆さんの思いはただ一つ、「ネット誹謗中傷被害の裁判例をつくる」ことでした。

その後、2022年10月に「プロバイダ責任制限法」が改正され、開示請求できる範囲も広がり、さらに侮辱罪の法定刑も引き上げられました。我々の判例が世の中の役に立ち、それで救われる人がこれからも増えるなら、自分たちの使命は果たせたかもしれません。

この経験から、SNSの怖さとそれに伴う被害者の痛みが並大抵のものではないと実感しています。

当時お世話になった神田知宏弁護士（第二東京弁護士会）は、ＩＴ専門で名高く、数々の著書をお持ちの先生です。悪質な誹謗中傷に苦しむ被害者と向き合い、加害者と戦っていらっしゃいますので、誰よりもその痛みはおわかりなのではないでしょうか。

インターネット社会は加速する一方です。一歩間違えれば犯罪になる怖い世界ですから、一生取り返しがつかないことにならぬよう、安易に他の人を誹謗中傷するコメントなどは書き込まないことをお子さまにも教えてほしいと思います。

子どもの能力は親が決めつけてはならない

「私たち親がごく平凡ですから、子どもも普通だと思いますよ」

「自分は子どもの頃から勉強で苦労しなかったので、我が子もそうであるはずなんですけれど」

「上の子はとても優秀なのですが、下の子はまったく勉強ができなくて」


正直、聞き飽きるほどこのようなお話を耳にしてきました。

私が一番お伝えしたいのは、**「あなたのお子さまは誰とも違う1人の人間」**ということです。お子さまには無限の可能性があるのです。

どうか、「自分がこうだから我が子もこうである」などと決めつけて、お子さまの可能性を狭めないでください。また、「自分たちができたのだから、できないのはおかしい」などと言って、お子さまを傷つけないでください。子どもは親のクローンではありません。

特にその子の兄弟姉妹と比較するのはとても残酷なことです。同じ日に生まれ、同じ家で同じものを食べて育った双子であろうと、まったくタイプの違う人間に育つこともあるのですから、生まれつきの特性というのはあります。

子どもの可能性を見極めてあげることこそが、親の役目ではないでしょうか。それをせずに、自分たちが選んできた道が正解だと決めつけるのは、怠慢と言わざるを得ません。**「思いどおりにいかないのが当たり前」「兄弟姉妹、同じ育て方をしているようでも、何もかもが違う」**と受けとめてください。

一例を挙げると、親御さんの職業がお医者さまの場合、お子さまにも同じ道を選んでほしいと考えるご家庭が多いようです。私の音大時代の同級生や先輩後輩にも、医者のご両親の反対を押し切って音楽の道を選んだという友人が何人もいました。当たり前のことですが、医者の子だから医者になりたいと子ども自身が望むとは限りません。その当たり前がわかっていないのか、あるいは子どもは親に従うべきと考えてしまうのか、なぜか強要してしまう親御さんがいるのです。

もちろん、お膳立てができていてバックグラウンドのあることは「恵まれている」

と考える人もいるでしょう。他の人から「うらやましい」と思われることもあるかもしれません。

しかし、親の期待に応えなくてはいけないというプレッシャー、将来がすでに決まっていることで自由な夢を描けない閉塞感、親から自分の考えを尊重してもらえない失望感などが、人格形成に悪影響を与えることは認識してください。

特性や長所を親が見極めることは大切だと思うのですが、何度も記したように**選択肢を早くから狭めてしまわないことも大切**だと思っています。

幼い頃は親の喜ぶ顔を見たいがために「私もお医者さんになる!」などと言うことがあるかもしれませんが、親の「そうなってほしい」という感情に流されず、それがお子さまの本心からの言葉なのか、成長とともに見極めるようにしましょう。

好きなこと、得意なことは変わらない

私の母は私たち姉弟にいくつかの習い事をさせた上で、中学生以降は、勉強に加え

て、姉（私）には音楽の道を、弟にはスポーツか美術の道を、それぞれ継続させました。今思うと本当によい選択をしてもらったと感謝しています。

幼少期から好きなこと、得意なことは、おそらく一生変わらないと思います。後からお話しするハワード・ガードナー教授の多重知能理論と連動しているのですが、どんなに遠回りをしたとしても、最終的に「自分の一番好きなことは何か？」と自問自答した時に戻ってくると思っています。

私も前述したように自分の判断で一度音楽をやめていますが、結局戻ることになりました。人生に無駄があっても悪いことではないし、回り道をしたからこそ新たな発見もあるのでしょうが、好きなこと、得意なことは細々とでも続けたほうがいいように思います。

私の弟は運動神経抜群で、サッカー・野球・水泳など、運動全般で力を発揮してきました。運動に関わることには特に父親が幼少期から向き合っていたと思います。弟は中学・高校時代はサッカー部、大学では短距離、社会人になってからはラグビーをやっています。ラグビーはケガが付き物になってしまい、仕事に支障が出るので早々にやめていますが、未だに身体を定期的に動かしていないと落ち着かないようです。

弟は私と同じアトリエ教室に通っていましたが、発想が面白く、表現方法も個性がありました。美術的観点という意味では、人と同じではまったく評価されません。私の母はカルチャースクールを経営し、ニットデザイナーでもあったため、常にそれを私たちに言い聞かせていました。今でも母に感心するのは、市民スケッチ大会などに親子で参加していたことです。私も弟も、母と一緒に絵を描いたのは強く思い出に残っています。

結局、弟は高校から理系コースを選択し、一般の大学に進学したのですが、最後まで美大も捨てがたかったと言っていました。ところが、就職ではクリエイティブ系を選び、大手広告代理店に入社しています。美大には行かなかったけれど、世界にブランディングするという、最もクリエイティビティのある仕事でキャリアを積んでいます。しかも、体育会系で心身ともに鍛えていなければ、自分の希望とする会社は難しかったとも言っています。

そう考えると、私たちの得意分野を見極め、継続させた母に脱帽です。

娘の進路が確定するまで

筆者の弟の話が出たところで、筆者の子どもについて「どのように育て、現在どうなっているの？」と思った方がいるかもしれませんので、お伝えできることについてのみですが、正直にお話ししたいと思います。

私の娘は現在、音大で作曲を専攻しています。親から受けた教育を反映させて幼少期から育ててきました。**「三つ子の魂百まで」**を意識して、3歳までは経験値を上げるために、毎日たくさんの友だちとありとあらゆる場所へ行きました。**同じ場所ではなく、見たことのない場所へ連れて行くことや、筋力をつけるために、たくさん歩かせることを心がけた**のです。絵本は図書館へ行ったり、気に入った本は購入したりして2000冊程度の読み聞かせをしました。

東大理Ⅲにお子さま4人を合格させた佐藤亮子さんも「3歳までに絵本の読み聞かせ1万冊」を実行されたそうですが、よほどのゆとりがないと至難の業ですよね。私も母親からはいろいろな本の読み聞かせをしてもらいましたが、それらの絵本はシンガポールで日本人学校の校長をしていた国語科の叔父が、娘たち（従姉）のために購入した後、私に送ってくれたものでした。私も娘にすべて読みましたが、40年以上経った今でも、世界中で翻訳され読み継がれている素晴らしい絵本たちです。

引き継がれるという意味では「童謡」も同じかもしれません。私は職業柄、音楽教室や授業でピアノの弾き語りをしていますが、娘も3歳の頃には200曲程度歌えるようになっていました。私の祖母が『赤とんぼ』で有名な山田耕作氏のもとで学び、母から私、そして娘へと伝えたからです。お子さまが大好きな童謡は、メロディも歌詞も世代を越えて引き継がれている素晴らしい教育ツールだと思います。「絵本」と同じく、「童謡」も佐藤亮子さんは熱心に取り組んでいたそうですが、私も子育てにおいて最も重要視していました。

結局、娘に関しては子ども扱いせずに友だち感覚で会話をし、食事を楽しみ、テレビもバラエティやドラマまで一緒に視聴し、外出することを繰り返しています。国内旅行も海外旅行も仕事の合間に弾丸で頻繁に行っています。これが、最も人間力を高める礎になると思っていました。

幼児教室は1歳から通いましたが、その次の習い事は3歳から始めたヴァイオリンです。2歳の誕生日プレゼントに本物のヴァイオリンを懇願されたことがきっかけでした。この時にご紹介いただいたヴァイオリンの先生との出会いが娘の運命を決めています。この先生の素晴らしいところは、偏りのない価値観で音楽を大好きにさせてくださったことです。娘はいろいろな習い事をする中で、自分の好きなことを見極めていきました。幼少期から絵が好きで何度かコンクール入賞も果たしましたし、短距離と走り幅跳びが得意で、地域の陸上クラブにも一時期所属していました。

小学校受験では国立の小学校に合格をいただき、中学も内部進学する予定でしたが、中学受験塾に通わせました。娘にとって塾は、学校と別の友人もでき、雑学も学べる楽しい場所でもあったようです。本人の希望であれもこれもと経験させたのですが、最終的に娘が自ら選んだ道は音楽であり作曲でした。娘が中学生の頃のことです。正直、私が音大時代に志したのと同じ道を選ぶとは思ってもみませんでした。

娘はＮＨＫの大河ドラマや教育番組、映画やＪ－ＰＯＰなど、いろいろなジャンルの音楽を作りたいと話しました。オーケストラの定期会員となっていたので幼少期から一緒にコンサートへ出かけていたのですが、作曲の最高峰であるオーケストラの曲がかけるようになりたいとも話しました。望みをすべて叶えるべく、音大の映画放送音楽の作曲科に進路を定め、３歳から習っていたヴァイオリンで音大の付属高校を受験することになったのです。

私は本書にも書いているように、早くから進路を決めるようなことはせず、本人が本気で目指したいと言った時、手遅れにならないよう最低限の準備をしておくという方針でした。これがまさに私の母の教えです。高校で大学を選択する頃が進路決定かと想像していたのですが、娘の場合はそれが予定より3年早くやってきました。

作曲は音楽学部の中でも理系と芸術系の混在でもあるため、特殊な学科です。ふと思い立って目指せるような学部ではないため、娘は幼少期から音楽を継続してよかったと実感しているようですし、何より習い事や塾など、いろいろ経験してよかったと話しています。学んできたことは直結していないようで、実はすべて勉強に繋がっていたと……。

今まさに、音大では憧れの先生方にお世話になっていますから、将来に向けてよい指標ができたと思います。ここまできたら、我が子を応援するのみです。

発達障害・ギフテッドを心配する親御さんへ

「発達障害」という言葉、近頃ではすっかりなじみのある言葉になったように思いませんか。

しかし、「障害」という言葉にはどうも引っかかりを覚えます。「個性」や「凸凹」のように捉えてもよいかもしれません。

当塾や音楽教室に通われる親御さんの中にもお子さまの個性や凸凹に悩む方がいて相談を受けることがあるのですが、その経験から、ひと昔前より発達障害の疑いのある子どもが増えていると感じています。発達障害についての関連資格を有しているため、少し詳しくお話ししたいと思いますが、ここではお話ししきれないくらい深いことは最初にご理解ください。

発達障害の症状の現れ方はタイプによって異なります。よく聞かれるのは次の3つのものです。

自閉症スペクトラム障害（ＡＳＤ）――他者とのコミュニケーションが極端に苦手、こだわりが強い、融通が利かないといった症状が見られる。

注意欠陥・多動性障害（ＡＤＨＤ）――注意力が極端に散漫であり、衝動性の高い行動が見られる。多動性の場合は、授業中に歩き回るといった行動が見られ、学業や集団行動に支障をきたすようになることもある。

学習障害（ＬＤ）――知的水準自体は低くないものの、読み・書き・計算など特定の分野の学習能力が極端に低いのが特徴。

いずれのタイプも幼少期から学童期に症状が現れ始めますが、障害の程度によっては成長するとともに症状が目立たなくなることもあります。しかし、大人になってもミスや不注意を起こしやすいことなどから生きづらさを実感し、二次的にうつ症状などの精神的な疾患を併発することもあります。

発達障害については、欧米諸国では何十年も前から支援教育が進んでいますが、日本ではここ数年で急速に理解が進み、支援が整ってきたように思います。もちろん、日本でも昔から何％かの割合では発達障害の子がいたはずなのですが、世の中の理解がなく、単なる「変わり者」のように認識されていたようです。いずれにせよ、日本でもこの数年で発達障害の症状で受診したり、疑われたりする人が増えているのは間違いないでしょう。

発達障害の原因は諸説ありますが、高齢出産、不妊治療、感染症など、環境によるものや、添加物、農薬などの摂取、遺伝など、様々だと言われています。

発達障害の子どもは、脳の機能がうまくいかず、自分でコントロールできないのが辛いところだと思いますので、やはり周囲の理解は必要です。だからといって、「すべてよし」にしていると、症状も顕著になり、受け入れない他人が悪いと、何でも人のせいにしてしまいます。

では、どう育てていけばよいのでしょうか。

まずは、一番身近な母親や家族が、本人の辛い気持ちを共感してあげることです。そうでなくても、周りから理解してもらえず、疎外感を覚えることが多いため、家族にも一蹴されてしまうと自己肯定感が完全になくなってしまいます。

共感した上で、どのようにしていくとよいのか、一緒に考えてあげましょう。

例えば、症状が重く、普通学級で過ごすのは難しいお子さまに無理をさせてしまうと、メンタル的に疲弊します。症状も悪化してしまいますので、療育を受けさせながら、特別支援学級で過ごさせてあげる方がよいでしょう。周囲の理解が一気に進み、本人の気持ちが楽になります。

しかし、本人が普通学級で他のお子さまたちと同じように過ごしていきたいと希望しているならば、自分が頑張ることを教えなくてはなりません。周りに理解を求めるのではなく、自分自身が変わらなくてはいけない、障害のせいにして開き直ってはいけないと教えましょう。自分のことを謙虚に受けとめないと、偉そうな態度をとったり、周りに迷惑をかけたりして、ますます孤立してしまいます。そうなると、幸せからは遠ざかってしまいますよね。

発達障害を抱えている場合、人一倍いろいろなことを考えなくてはならず、思うようにいかないことが多いかもしれません。しかし、人と関わりを持つことで、確実に学びがあり、年齢とともに自己中心的な考え方も改善していきます。

ＡＤＨＤでも、注意欠陥が目立つタイプの人は、多動が目立つタイプの人に比べると、他人に迷惑をかけるというより、自分自身が困ることが多いだけですから、特別支援学級に行く必要はないかもしれません。ただし、自閉症スペクトラムを併発していることも多く、こだわりが強かったり、融通が利かなかったりすると、友だちとのトラブルを起こしがちです。

学習障害の場合は、算数だけ、国語だけというように、その子の苦手な分野において理解が進まないため、普通学級で授業を受けるのは困難なことがあります。最近では、公立の小学校で学習障害があるお子さまに対してその時間だけ通級（一部特別な指導を行う形態）に行くよう先生が勧めても、親御さんが反対し、対応に悩むという話も聞きます。お子さま本人は授業についていけず辛い思いをしているのに、親によって阻まれてしまうことがどういうことか、考えてあげてほしいと思います。

発達障害については、生まれつきの脳の機能障害によることが多いとわかっています。成長とともに症状が消えていったり、学びの中で本人が対策を考えたりするようになりますから、特性や個性として受けとめてあげることで、自己肯定感が失われず生活もできます。ある意味、その特性を家族がどう受けとめ、対応するかによって経過も変わります。つまり、周囲の人の共感と理解の部分が大きいということです。

当塾の専属ビジョントレーナーは、こども医療センターや療育センター、学校カウンセラーからの依頼で発達障害の疑いがあるお子さまにもプログラムを施していますが、ビジョントレーニングを実施することで気になる症状はなくなっていくそうです。「必要なプログラムを実施してもなお改善が見られない場合に、初めて障害として認識したほうがよい」とトレーナーは言います。

当塾でもマイペースなタイプのお子さまは毎年いらっしゃいますが、ビジョントレーニングに取り組むことで、どなたも改善に繋がっています。本人や親御さんが悩んでいるなら、ある程度治療してからでも小学校受験は可能だと思います。どの学校に通うにしても、周りに迷惑をかけてしまったり、先生が対応しきれないと判断されてしまったりすると、本人のよい特性も活かしきれません。何より自己肯定感の低下に繋がってしまいます。幼少期から対策を考えてあげることは、本人が生きづらくならないためにも必要です。

発達障害が持つ素晴らしさ

発達障害については、ここからが一番伝えたい部分になります。**発達障害を抱える人ほど、他の部分の能力が突出している場合が多く、世界的な成功を収めているケースが多々あるということです。**

最近、アメリカの有名企業では「発達障害」の採用を増やしているといいます。多様性について先進的な国らしいですね。

発達障害を公表している人が何らかの突出した才能を持っている事例は世界中で見られます。Microsoftを創業したビル・ゲイツ氏、Appleを創業したスティーブ・ジョブズ氏などは有名です。作曲家や芸能人など、日本国内でも自身の発達障害を公表している人はいます。またLDの1つである失読症（ディスレクシア）を公表している人として、映画監督のスティーヴン・スピルバーグ氏や、俳優のトム・クルーズ氏、キアヌ・リーブス氏などは有名です。

もし、お子さまが発達障害と診断されたり、その疑いがあったりするならば、同じタイプの発達障害の有名人を是非調べてみてください。世界中の有名人が発達障害を公表していることに驚くと思います。健常児のお子さまよりも育てる上での苦労が絶えず、親御さんにとって辛いことも多いかもしれません。お子さま本人は親御さんより悩んでいることも多々あります。しかし、**特別明るい未来に繋げる原石を育てていると思ってほしい**のです。

神奈川こども医療センターの児童思春期精神科を経て、現在、横浜市立大学付属病院児童精神科外来医長の藤田純一先生は、「ある部分が出っ張っていると、ある部分が引っ込むという脳の特徴があり、それを障害というならば、天才も障害なのだよ」とおっしゃっていました。

天才といえば、**「ギフテッド」**という言葉も最近よく聞かれるようになりました。『ギフテッドの個性を知り、伸ばす方法』（片桐正敏編著、小学館発行）には、ギフテッドの特徴について綴られていますが、発達障害と似ているようで、少し違う分類をされています。

ギフテッド（Gifted）は、贈り物を意味するギフト（Gift）が語源となっており、生まれつき突出した才能を授かった人のことを称します。先進国ではギフテッド教育を盛んに行っている国が多い中で、日本ではようやく２０２１年から翌年にかけて、文部科学省が設置した「特定分野に特異な才能のある児童生徒に対する学校における指導・支援の在り方等に関する有識者会議」が開かれました。

例えば、言語能力などでは、１歳頃から勝手に本を読み始めた、算数などでは、アインシュタインの原理を未就学児で理解しているなどです。

ＷＩＳＣ－Ⅳ（ウェクスラー式知能検査）をご存じでしょうか。子どもの知能指数を測定するための検査で、世界的に使われているものです。総合的なＩＱだけでなく、「言語理解」「知覚推理」「ワーキングメモリー」「処理速度」の４項目が主に調べられるのですが、ギフテッドの診断として参考にされます。ただし、ＩＱは年齢により変化しますし、ＩＱ150以上のＭＥＮＳＡ会員が、皆結果を出せる人間かというとそうではないので、あくまで一時の目安として考えてほしいと思います。

ギフテッドは**「英才型」**と**「２Ｅ型」**の２種類に分けられます。英才型は、学業などの成績優秀な高い知能を持つ人が該当します。２Ｅ型は、ギフテッドと発達障害とが併発している場合で、突出している分野と極端に苦手な分野が混在しています。

私が注目しているのは、ハーバード大学の教授であるハワード・ガードナー氏による**「多重知能理論」**です。『自分の強みを見つけよう』（有賀三夏著、ヤマハミュージックエンタテイメントホールディングス発行）にも記されていますが、ハワード教授は、従来のＩＱテストに異議を唱え、人にはいくつもの多重な「知能ＭＩ（マルチプル・インテリジェンス）」があると主張しています。特に８つの知能を見極め、その特性に合わせた方法で進めると、才能を大幅に伸ばすことができるというものです。つまり、誰でも何かしら優れた知能が備わっているはずということになります。

その８つの知能とは以下のとおりです。

言語・語学知能――話をする、文章を書くなど、言葉を使って表現する能力
論理・数学的知能――計算や分析などに必要な論理的思考力
視覚・空間的知能――空間の中で物事をイメージ・認識・表現できる能力
博物的知能――自然や環境に関心が高く、観察・発見・分類できる能力、自然と共存する力

音楽・リズム知能――音・リズム・メロディなどを認識し表現する能力、感受性
身体・運動感覚知能――身体を使った表現力
対人的知能――他人の感情や考えを理解できる力、コミュニケーション能力
内省的知能――よい面・悪い面も含めて、自分を正確に理解できる力

今、これを読まれた親御さんの中には、「うちの子はこの知能が優れているかもしれない」と思われた方もいるのではないでしょうか。

ここから、少し**遺伝学**についてお話ししたいと思います。「**遺伝**」というのは、親であれば皆、気になるところではあります。親の職業がいいから、あの子は勉強ができるとか、兄弟姉妹、全員運動神経抜群とか。教育の仕事をしていると「遺伝」については確かに実感することもありますし、「どうせ遺伝だから努力しても無駄！」と思っている人もいるかもしれません。しかし、同じ親から生まれても、兄弟姉妹は全員まったく別の人格です。一卵性双生児であってもＤＮＡの折り込まれ方が違うのですから、別人格だと言い切れます。慶應義塾大学名誉教授で行動遺伝学が専門の安藤寿

康氏の著書『日本人の9割が知らない遺伝の真実』（SBクリエイティブ発行）によれば、遺伝は、音楽90％以上、スポーツ・数学80％以上、美術・語学50％程度という研究結果が出ているそうです。音楽は遺伝の割合が高いのですが、同じ芸術でも美術はそこまでではないのも興味深いです。性格は30〜50％。学力は50〜80％だそうです。

「遺伝」と「環境」、どちらが優勢であっても、多重知能理論に基づき、我が子の個性を見極めることが大切だと思っています。遺伝は親からだけでなく、隔世遺伝もあります。お子さまに得意な分野があるにもかかわらず、そこに親御さんが目を向けないようでは、もったいないと思います。親の決めつけや価値観でお子さまの成長を阻んでいないか、今一度見直してみましょう。

発達障害であれ、ギフテッドであれ、障害ではなく、「脳の特性の1つ」。すべてのお子さまに得意分野があるはずですから、「**得意分野を圧倒的に伸ばし、苦手分野はほどほどに伸ばす**」という考え方で、すべてのお子さまの自己肯定感を育んでほしいと願います。

幸せな家族の形とは

子どもにとって理想の家族とは何でしょうか？　自分が一番信頼できるのが家族であり、居場所があり落ち着ける場所。一番過ごす時間が長い両親との関係性は何よりも大きく影響するといわれています。

「毒親」という言葉が最近注目されていますが、虐待や育児放棄する親、子どもの自由を奪う親、子どもに依存する親などを表しています。

身体的虐待——殴る、蹴るなどの暴力行為
心理的虐待——罵声、無視、ＤＶを見せる、兄弟姉妹差別、責任転嫁
性的虐待——性的暴行、ポルノを見せる
ネグレクト——食事を与えない、学校に行かせない、家に閉じ込める
依存症——お酒・ギャンブル・買い物・ゲーム・男女関係
共依存——子どもから金銭を搾取・自由を奪う・条件付き愛情・過干渉

このような毒親・機能不全家族のもとで育った子どもは、自尊心・自己肯定感が極端に低下し、思考力や判断力も奪われてしまいます。社会に出てから、それまで自分が普通だと思っていたことが通用せず、人間関係などに適応できない人もいます。また、両親の不仲を幼少期から見てきた子どもは、大人が思う以上に傷つき悪影響を受けています。

つまり、問題ある親と一緒に居続ける子どもは、残念ながら**「アダルトチルドレン」**となり、大人になっても苦しみ続けなくてはならないのです。

ご両親の問題に限らず、祖父母との関係や、後継ぎの問題などを抱えているご家庭もあるでしょう。「子どものため」は、大人にとって都合のいい言葉であり、子どもが犠牲になり続けることもあります。今や離婚など珍しい時代ではありませんが、機能不全家族になるくらいなら、離れて暮らし、お子さまには父親・母親のそれぞれが愛情を注いであげることだってできるはずです。いろいろな家族の形があってもいいと思いますし、**お子さまが苦しみ続けない選択をしてほしい**——それが私の切なる願いです。

前に進めない時は独りで抱え込まない

人生、誰しも山あり谷あり。隣の芝生は青く見えるかもしれませんが、悩みのない人などいないと思います。もちろん、悩みを消化して前に進んでいく人もいますし、気にしないで受け流すことができる人は生きやすくなります。

しかし、どうしても細かいことが気になってしまう、他人がどう思っているか考えてしまう、すぐに悩みの種を大きくしてしまう、気づいたら八方塞がりになってしまうなど、悩んでばかりいる人もいますよね。

私は日頃から、保護者の方の悩みを聴いたり、お子さま本人から悩み相談を受けたりします。授業に入った時には、お子さまの様子を常に観察し、塾長である夫や補助講師たちと共有します。お子さまや保護者の変化を見過ごさないよう、手遅れにならないよう、細心の注意を払うようにしています。

お子さまも幼少期から性格は千差万別で、兄弟姉妹でもまったく別の人だと思っています。いつも大人の顔色をうかがっている子、気持ちを正直に言えない子、反対に他人のことはまったく気にせずに本能の赴くまま過ごしている子など。悩みは一人一人違います。キャパシティの大きさ、ストレスの感じ方、表れ方もバラバラです。

例えば、夜泣き、癇癪《かんしゃく》、チック、アトピー、喘息などは、お子さまによくあるストレス症状です。親の関わりが影響する場合もありますが、生まれつきの脳の特性や、兄弟姉妹によって症状の表れ方もストレスの感じ方も違います。

年齢を重ねることで、経験値や精神年齢も上がり、キャパシティも増えていきます。他人の気持ちを考えると、子ども染みた反応をするわけにもいきません。

大人のストレス症状としては、頭痛、めまい、吐き気、腹痛、胃潰瘍、皮膚炎、脱毛、うつ病、パニック、対人恐怖症など、これまた人により、表れるものがいろいろです。病気の原因として、最も多いのが「ストレス」です。ストレスから大病に繋がり、「死」に至ってしまうこともあります。

試練は乗り越えられる人のところにやってくるとよくいわれますが、試練に向き合えず、残念ながら自死に至ってしまう人もいます。日本は世界的に見ても、自死の占める割合が多いといわれていますが、それは悲しい現実です。この本のタイトルで使っている「幸せ」というキーワードは、命ある人間であることが最低限の条件であり、**「命」より大切なものはありません。**命を守るためにも自死についての理解が必要であり、周りの人が辛い時、その感情に寄り添える人間であることも大切です。知らず知らずのうちに突き放すような言動をしてしまったり、相手の気持ちに寄り添っているつもりでいても、逆に追い込んでしまったりすることもあるからです。

自死に至ってしまう引き金は人それぞれです。精神疾患になっていると思考が正常ではないので余計に難しくなります。自死に至った例でも、多くの人が辛さを理解できる状況のこともありますが、人気者だったり友人に囲まれていたりする人については「あんないい人が、どうして……」と周りが理解に苦しむこともあります。人気の高い芸能人の自死もどちらかといえば後者になるでしょう。

実は、いい人ほど、「他人に迷惑をかけたくない」「自分で解決しなくてはいけない」などと自身を追い込む傾向にあります。人前ではいつもどおりニコニコして過ごすので、周りの人はその人が追い込まれている兆しに気がつきません。事が起きてから、「助けてあげたかった」などと、後悔してもしきれないということになります。

悩みは誰にでもあります。あなたが抱え込んで自死に至ってしまうようなことになれば、家族や友人など、あなたに関わる人は皆大きな傷を背負い、一生忘れられない悲しい経験になってしまいます。「人に迷惑をかけたくない」「周りを巻き込みたくない」、そんな感情が出てきた時こそ、迷わず誰かに相談してください。どんなに苦しくても、自分がいなくなることで、苦しむ人や不幸になってしまう人がいることを考えてください。

「止まない雨はない」「明けない夜はない」「出口のないトンネルはない」――これらの言葉はそのとおりだと思います。運気が低迷する時は人間誰しもありますから、寄り添ってくれる人と一緒に乗り越えてほしいと思います。寄り添ってくれる人が思いつかないならば、「いのちの電話」など、相談できる機関もあります。

乗り越えた時こそ、悩みや落ち込むような出来事に「意味があった」と気づけるものです。その時は順調に事が運んでいた時の何倍も成長できているはずですから、パワーアップした自分を大いに褒めてあげましょうね。

すべてのことに意味がある

できることなら幸せな家庭で一生過ごせるに越したことはありません。しかしながら、深刻さは人それぞれであり、問題のない家庭などないというくらいご家庭のことで悩んでいる方は多いものです。プライベートなことであるため、誰にも相談できず、独り悶々と悩み続ける人も多いのが家庭の問題です。

幸せな夫婦の形といえば、互いに愛し愛される存在で仲のよい夫婦と誰もが結婚する時にイメージすることでしょう。最近では子どもをつくらないという選択をする夫婦もありますが、ほとんどのご夫婦は子どもをつくる方向で考えられると思います。先進国では不妊で悩むカップルが増え続けている現状もあり、辛い不妊治療と何年も向き合って、ようやく子どもを授かるケースも多くなっています。当初は２、３人子どもを産みたいと思っていても、１人目はすぐに授かり、結局その後は不妊になったり、流産を繰り返したりというケースもあります。どんなに子どもを望み、高い不妊治療費を費やしても授からず、子どものいない人生を歩むご夫婦もいます。ある日突然、パートナーやお子さまが亡くなってしまうこともあります。阪神大震災や東日本大震災などでは、すべての家族を亡くしてしまい、独り残された方もいます。結婚を望んでいたにもかかわらず、よいパートナーと巡り会えず一生独身で暮らす方や、結婚も望まず自由に独身を満喫される方などもいて、とにもかくにも家族の形は千差万別です。

価値観は人それぞれであり、幸せと思えることも、辛いと思えることも、皆違います。それを認識しないと、どうしてもトラブルになってしまうでしょう。もちろん、家族であれば、価値観の落としどころを話し合う必要はありますし、気持ちに寄り添うことは必要です。

私は日頃、ご家族の問題についてもカウンセリングをしていますが、相談者の気持ちにできる限り近づけることを心がけています。そして、形はそれぞれ違っても、人間誰しも悩みがあり、**すべてのことに意味がある**と受けとめてもらえることで心が楽になると思っています。

「何もかもが上手くいかない」と感じてしまう時は、自分中心の幸せだけしか考えていないこともあります。誰かに期待したり、依存したりで、自分が努力することを怠っていないでしょうか。自分の欲望を満たすことばかり考えていないか、落ち着いて考えてみてください。

人の幸せを願うにも、人間余裕がなくなると、自分を守ることで精一杯になってしまいます。エゴを押しつけ、相手が傷ついている場合もあります。人間ひとりでは生きていけず、たくさんの人に支えられて生きていると自覚することで、自分が守ろうとしている幸せが本当の幸せかどうか、気づけるかもしれません。

現状に満足してしまうと、そこで停滞するか、下降線を辿ることになってしまいます。向上心を持ち続け、自分自身が成長したいと願える人は、学び続けることができるはずです。

2023年のWBCは、日本代表チームの他者を思いやる心や、チームとして勝つという志が、世界に最も認められた大会でもありました。

結果が出る時、出ない時、それぞれの思いがあるはずです。しかし、代表選手たちは全員、すべてに意味があると捉え、前向きな気持ちで取り組んでいたと断言できます。それは努力の賜物であり、苦しみを乗り越え、結果に結びつけてきたスーパースター軍団の証ではないでしょうか。ＷＢＣのドキュメンタリー映画『憧れを超えた侍たち　世界一への記録』の中で、日本代表チーム前監督の栗山英樹氏が「宝物を預かっている責任」「日々一流選手から学ばせていただいた」と話されていたのは印象的でした。そして、その選手たちが「ＷＢＣを見ている子どもたちに繋いでいきたい」と。これは野球だけの話ではなく、教育の真髄《しんずい》だと思うのです。

幸せは連鎖するといわれています。

私は「**1人でも多くの人に幸せを与えられる人間であってほしい**」と願っています。この世に誕生したのは、そういう意味だと受けとめるだけで、前向きな人生になるはずです。そのために努力が欠かせないことも……。

「**すべてのことに意味がある**」と思えた時が、人間最強になった瞬間ではないでしょうか。自分のお子さまが何歳でそう思える人間になれるか、これはまさに親御さんの生き方にかかっているのです。

Chapter 6

受験を勝ちぬく幸せ親子計画

受験に向け、覚悟を決めよう

最終章は、実際にお子さまの受験を考えている方、受験をするご家庭に向けての総まとめになります。

幼稚園から大学まで、どのタイミングで受験するかですが、Chapter 1でお話しした地域や地方によって異なる特徴を踏まえた上で、最終的に何を目指すかを逆算して検討しましょう。

そして、決めた時点から入試までの受験計画をしっかり立てることが重要です。入試日まで何年あるのか、何か月あるのかにより、計画の立て方も変わってきます。1日24時間の中で、睡眠時間はしっかりと確保し、残った時間に何をやるかを吟味します。あれもこれも取り組む時間はありませんから、限られた時間の中で優先順位の高いタスクから取り組んでいきます。中堅校でしたら、取り組む内容も多くないので、残された時間で割り振るのもそれほど大変なことではないでしょう。しかし、倍率の高い難関校となるとそう甘くはありません。今現在の能力を基準に、残された時間で手が届く場所なのかを見極めることが必要です。

勉強の難易度は上がりつつも、二極化している

中学受験の例で考えてみましょう。

正直に言えば、私は、早くから塾に通ってほしいと思っているわけではありません。むしろ、まだ小学生なのだからたくさん遊んでほしいと思っているくらいです。

ところが、高学年から中学受験の対策をしても、入試に十分間に合うという時代はひと昔前のこと。少子化とはいえ、首都圏では中学受験率が上がり、ハイレベルな塾が乱立しているので、早め早めの対策をするのが当たり前になっています。

結局、**大学受験で学歴を勝ち取るために、世の中が動いている**のです。もちろん、学歴がすべてではありませんが、世界の大学ランキングなどが出されている以上、この流れは変わらないでしょう。

親御さんの世代が受験した頃とは入試の難易度も変わっています。中学受験のプロ

家庭教師「名門指導会」の代表で40年以上、難関中学受験指導をしてきたカリスマ家庭教師の西村則康氏は、「30年前の超難関校・開成中で出題されたのと同じような問題が、今は偏差値40〜50くらいの学校でも出ている」と言っているのですから驚きです（PRESIDENT Online ２０２1年5月19日記事）。

それほど有名ではなかった学校や、偏差値が高くなかった学校も、時代のニーズに合わせた教育改革により、レベルがぐんと上がったところもあります。

スポーツでも同じことが言えるかもしれませんが、指導者が変わるだけでレベルや実績が変化したりするのです。また、世界中で記録が更新され続け、様々なことがレベルアップしているのです。

結局、**すべてが進化している**ということを親御さんが認識し、それをも考慮して計画を立てておかなければならないのです。兄弟姉妹で同じ道を目指すにしても、毎年のように変化する情報をリアルタイムにキャッチし、反映させて計画を立てることが絶対的に必要です。

先日参加した同窓会で、面白い会話が聞こえてきました。

「今どきの若い奴らは、めちゃくちゃスペックが高いよね」

「そうだね。俺が今就職活動しても、確実に希望の会社には入れないな」

「新入社員の質問レベルが高すぎて、日々勉強しないと答えられないから大変だよ」

私はそれを聞いて、「でも、今の新入社員は『ゆとり世代』でしょう？　昔より緩い感じがあるとか、すぐに会社辞めちゃうとか、ニュースで言われているよね」と言ったのですが、

「いやいや、あの人たちに『ゆとり』という言葉はまったく当てはまらないよ。学歴も高いし、すごい資格も取っているし、留学もしていて英語もペラペラ……。そんな人ばっかりだから」と言われてしまいました。

この会話をしていた同級生たちもそれなりに高い学歴で、一流企業や外資系企業に勤めていたり、ＩＴ企業の経営者や弁護士など、ホワイトカラーの最前線で活躍している人たちです。でも彼らに言わせると、教育レベルは自分たちの時代よりも確実に進化しているらしいのです。

小学校受験においても、年度によってばらつきはあるものの、入試の難易度は上がり続けていると感じます。

一方で、子どもたちのレベルはどうかといえば、真っ二つに分かれていると感じます。ひと昔前ならできていている子が多かったようなことも、近年ではまったく太刀打ちできない子の割合が増えています。文部科学省が出している調査の結果などを見ても、子どもの運動能力や読解力は全体的に劣ってきていると出ています（全国体力・運動能力、運動習慣等調査）。

仕事やその他の理由により親御さんが多忙なために、お子さまと向き合う時間が少なくなっているご家庭が増えてしまったためかもしれません。その一方で、優秀なお子さまはとことん優秀です。ご家庭による差はかなり開いており、ニーズも多種多様になっていると実感しています。

■お子さまに合った学校選び、塾選び

ここで、学校や塾選びについて考えてみましょう。

まずはご家庭が何に価値を置くのかを、今一度、見直してほしいと思います。私は

小学校受験については、お母さまに向き合ってもらえるのがベストだと思います。しかし、共働きのご家庭も増えていますし、物理的に無理という場合はいたし方ないかもしれません。とは言え、すべてを園や学校、塾任せにして難関校を受験させようというのは、あまりにも他力本願過ぎるのではないかと思います。

少なくとも、自分たちの希望にかなう塾や学校選びには時間をかけてほしいと思います。そして、お子さまのことをしっかり見極める必要があります。

お子さまの経験値を上げるために、インドア派で面倒くさがり屋の親は卒業してください。平日はフルタイムで働いていて時間が取れないのなら、休日はお子さまのために早起きしてください。

当塾でも、お仕事がお休みの親御さんが多いであろう土曜日と日曜日は朝から夕方まで講習やピアノのレッスンに追われているのですが、それだけ共働きのご家庭が多いことを表しています。

共働きのご家庭でも、お子さまに様々な経験をさせようと考えるご家庭では、塾や習い事の合間にいろいろな場所へ連れて行きます。例えば、土曜日の午後の授業では、「早朝から家族で潮干狩りに行ってきました」というご家庭と、「平日の仕事で疲れているので、午前中は寝ていました」というご家庭とに分かれます。ご家庭の過ごし方により、同じ月齢のお子さまでも明らかに差が開いてしまいます。

そうしたことを理解せずに「とりあえず合格人数の多い大手塾に入れてみるか」という安易な考えを持つのはとても危険です。

親御さんがお子さまと十分に向き合えていないのでは、成績アップなど見込めるわけもありません。これは、小学校受験だけに限りません。中学受験までは親のマネジメントが鍵となりますから、親御さんがあまり関われないようでは、合格を勝ち取ることは難しいでしょう。

親御さんがお子さまの勉強をマネジメントする時間が十分に取れないご家庭では、手厚く対応してもらえる塾を検討した方がよいですね。お子さまだけでなく、親御さんまでしっかり管理してくれる塾も最近は増えてきたようです。

ここ数年、大手塾から独立した先生が、新しいカリキュラムを開発し、急激に合格実績を上げている塾が首都圏でも増えています。アンテナをしっかり張って、最新の情報をキャッチしましょう。

日本で生まれた世界の「公文式」

日本発の学習法である「公文式」は日本を含む62の国と地域に普及し、全教科を合わせた学習者数が354万人にも及んでいます（2023年6月現在。公文教育研究会ホームページより）。これは何年経っても変わらない土台の部分を積み上げ、抜け落ちるところなく仕上げていくカリキュラムになっています。0歳から始められるので、幼稚園児や小学生が中学生のレベルにまで到達しているということも珍しくありません。育児・教育ジャーナリストのおおたとしまさ氏は、著書『なぜ、東大生の3人に1人が公文式なのか？』（祥伝社発行）の中で、東大生100人にアンケートをとったところ、「実に3人に1人が公文式の出身者であることがわかった」と記しています。

しかしながら、公文式はあくまで土台の部分になりますので、思考力や応用力、人間力が問われる今の時代には、プラスアルファを考えて対策しなければならないでしょう。

なお、公文式で学んでいるお子さまが小学校受験をする場合は、一旦、公文式を中断するのがよいかもしれません。なぜなら、小学校受験対策のペーパーの内容は公文式とはまったく違うので、覚えることも頭の使い方も変えたほうがよいからです。小学校受験を終えてから公文式に戻ると、中断した時より一気にレベルが上がることも多いと聞きます。

中学受験をする場合は、小学生のレベルを終えた時点で進学塾に切り替えた方がよいという意見もあります。「連立方程式」「平方根の計算」などは中学の勉強内容であり、中学受験の範囲ではありません。算数でいえば、中学受験で必要なのは「つるかめ算」「旅人算」などの特殊算であり、それらは小学校の範囲の応用問題ですから、やはり進学塾になります。ただし、公文式は中高の問題でも基礎的な部分や自学自習の習慣は身につきます。

なお、「公文式＝東大」と安易に考えるのではなく、一般的な進度で公文式をやっていても、東大までは入れないと考えるのが賢明です。とはいえ、高進度学習者として表彰される子が多い公文式の教室では、東大生、京大生を多数輩出するようです。

公文式の教室には直営と一般（フランチャイズ）があり、どちらも同じカリキュラムを実施しているものの、フランチャイズの教室では教室によって個性があり、評判のよい教室も存在します。私の叔母が運営していた公文式の教室は遠方から電車で通う生徒が多く、有名な教室の1つでした。元々、数学の教師だったこともあり、教育のプロでもありましたが、叔母に指導の秘訣を訊いたところ、子どもによって指導方法を変えているということでした。

「幼少期にどうやって脳を形成するかは大事よ。脳が人それぞれ違うんだから、優れている子と普通の子とでは、同じ問題をやらせても解けるスピードは違うじゃない。脳は勉強だけしていてよくなるわけでもないのよ。音楽やスポーツをしている子、いろいろな経験をしてきている子には頭のいい子が多いよ。自由時間や睡眠も大事よね」

「東大に入るのは勉強を積み上げていけばなんとかなるけれど、入学してからのほうが大事だと思うの。東大に入ることで燃え尽きてしまった子を何人も見てきたし。大学入学後にどういう道に進むのか、どう社会貢献するのか、そこまでを考えて親は計画を立ててほしいのよ。私は東大に入っても卒業するのが大変だとわかっていたから、息子には余力がある状態で入学できるように目標を立てさせたの。東大も学部によってカラーが違うし、向き不向きもあると思うから……」
「うちの息子は性格が会社勤め向きじゃないと思ったから、大学の研究職や指導者がいいと早くに気づいていたのよね。だからその道を歩めるように助言はしてあげたかな。公文の先生をしている時も、個々の生徒の長所を活かせる道や学校を選ぶように進路指導していたわよ」

叔母の言葉は「なるほど」と頷けることばかりでした。私の従弟《いとこ》である叔母の子は、現在、国立大学で教授をしているのですが、東京大学博士課程修了後、当時最年少でその大学の助教授（現在の准教授）になったと聞いています。

叔母の言葉にあるように、東大に限らず、**受験はあくまで通過点でしかない**と認識することが重要であり、どうやって自己プロデュースしていくかが人生の課題になることでしょう。

■公立の小中学校から難関大学を目指すには

少なくとも偏差値がトップレベルの高校に入学できるくらいでないと、難関大学に合格できる可能性は低くなります。首都圏では、昔からレベルの高い中高一貫校が多く、教育熱心なご家庭のお子さまは中学受験をされる方が多いです。

もちろん、高校から入学できる進学校も多数ありますが、公立中学からトップレベルの高校に進学できるのは成績が上位1～5％程度の生徒になります。お子さまが上位数％に入れる確信があるなら、公立中学に通わせてもよいのかもしれません。しかし、お子さまを放置しているようでは、難関大学に入学するのは難しいと思います。

割合を考慮すると一流大学を目指すならば、中学受験で結果を出すという目標を立てるのが一般的です。私立中学は都心部には何校もあるので志望校を選ぶ際に迷ってしまうかと思います。偏差値や進学実績というのが参考になるかと思いますが、どこの学校でも進学実績にはピンからキリまでありますのでご承知おきください。

小学校を地元の公立校に入れて中学受験を目指す場合は、「こんなはずではなかった」とならないよう、Chapter 1「小学校受験をさせるべきか」で詳しくお話ししましたので、参考にしていただけたらと思います。

■親の習慣がすべて

小学校受験でも中学受験でも、お子さまの就寝後に親御さんがやるべきことは山ほどあります。日々の取り組みに対して、分析し、優先順位をつけたり、課題をセレクトしたりすることです。P（計画）、D（行動）、C（チェック・分析）、A（改善）のサイクルをきっちり回し、螺旋《らせん》階段のように無理なくレベルを上げていかなくてはなりません。こうした作業を、ほとんどの親御さんはお子さまを寝かしつけた後にされています。ペーパーを何枚もコピーしておくなど、次の日に取り組む課題を準備してから親御さんは就寝するのです。そして、早朝から出ていくお子さまのお弁当の準備をするために、朝5時起きなどは当たり前。受験をするお子さまにきちんと向き合うということは、親の自由時間などあまり持てないと思った方がよいでしょう。

何度もお話ししていますが、我が子に優秀になってほしいからと合格実績の高い塾に入れても、それだけで簡単に成績が上がるわけではありません。親御さんがお子さまに向き合うことが一番大切なことなのです。

母子家庭、父子家庭であっても、お子さまと一緒に勉強し、娯楽も一緒に経験している親御さんのもとで育ったお子さまは、とても優秀です。お子さまがどのように育つかは、親の習慣がすべてなのです。

第一志望より高いレベルの準備をする

当塾では、難関校が第一志望というお子さまには、入試問題のレベルを100とすると130以上のレベルに普段から取り組んでもらっていますし、何があってもメンタルが落ちないよう、混乱しないよう、気持ちを切り替えられるよう、指導しています。本番で100点を目指すのであれば、過去問を解いているだけでは入試本番で結果に結びつかないでしょう。さらに、中学受験することを見据えて小学校を選ばれる方には、小学校に合格することだけを目標にはしません。受験は何が起こるかわかりませんから、小学校は第一志望にご縁がいただけなくても、中学受験で結果を出せる脳づくりをしておくことが大切です。先述したとおり、近年、中学受験準備のスタートが早まっているだけでなく、小学校高学年からスタートして良い結果を出すことが昔ほど容易ではなくなっています。

難関中学に合格した卒業生たちに話を聞くと、必ず第一志望校よりもレベルの高い対策をしていたと言います。そして勉強だけでなく、音楽やスポーツを楽しみ、ある程度の自由時間も確保しています。そのくらいの余裕がないと心身ともにきつくなると本人も親御さんも話しています。ぎりぎりで合格しても、その先本人が辛くなるような状況が見えているなら、無理をしない方が賢明かもしれません。

ただし、人によっては、その学校では底辺の学力レベルで入学しても、負けず嫌いな性格から、努力を積み上げてレベルアップしていく場合もあります。早生まれで精神的に幼かったお子さまなどは、後からぐんと成長するケースもあります。

我が子はどういう学校で伸びるのかを十分吟味した上で志望校選びをしましょう。当たり前のことですが、学校選びの基準は偏差値だけではありません。お子さまがどういう子なのか、将来どうなってほしいのか、学校の特徴を踏まえた上で、志望校を検討するようにしてください。

親は簡単には変われない

当塾が持っている気になるデータとして、小学校受験で結果を出しているご家庭は、中学受験でも第一志望合格に結びつけているというものがあります。親御さんの受験に対するスタンスは、小学受験と中学受験とであまり変わらないということです。強い人は強く、弱い人は弱いということでしょうか。

この強さ、弱さというのは、いろいろな捉え方ができますが、強い人は「詰め込み過ぎない」という傾向があります。お子さまのキャパシティ以上のことを求めないこと、結果に振り回されず、親御さんが安定してお子さまと接することができるのです。

反対に「弱い」人の特徴として、取捨選択をせず、不安からあれもこれもとお子さまのキャパシティ以上のことを「詰め込む」傾向があります。親御さんの感情の起伏が激しく、結果でしかお子さまを判断しません。これでは確実にメンタルは崩れ、プレッシャーのみを与え続けますよね。本人の意思ならともかく、自由時間を完全に奪い、ひたすら勉強机に向かわせ、睡眠時間も削るような生活を続けていても、本番で力が発揮できるとは思えません。目標を高く設定するのは悪いことではないのですが、現実を見ることと、視野を狭めすぎないこと、それが「合格を勝ち取る」ことに繋がります。

大学受験では、浪人して第一志望をもう一度目指すのも珍しくありませんが、「浪人する＝お金を親に工面してもらう」ことになります。これを当たり前に思うのは、親への甘えにもなりますから、「浪人は1年だけ」とするなど、次の約束を決める必要はあるでしょう。また、**「決まったところがあなたにふさわしい道であり、そこからこの先の人生を切り開く方法を考えること」**を教えるのも必要かと思います。就職浪人もそうですが、親御さんが子どもの言いなりになって援助し続けるようでは、いつまで経っても自立できません。

お金を稼ぐためには仕事を選り好みしてばかりいられないこと、自分で稼ぐのがどれだけ大変であるかを教えることは親の役目です。仕事を選べるような人になるために、幼少期から努力し続けることの大切さを親が示さなければなりません。

結局「弱い」親が子離れできず、何でも自分で肩代わりしたり、価値観を押しつけ、操り人形のように育ててしまったりするのだと思います。

こういったことを繰り返し親御さんにお伝えするのですが、一時的には改善されても、すぐ元に戻ってしまう方がとても多いです。小学校受験はお子さまが小さいがゆえ、結果が出せるかもしれません。しかし、その後は成長する我が子に同じことを繰り返しても、よほどの変化がない限り結果に結びつくとは思えないのです。実際、小学校の先生方からうかがう話では、6年後の中学受験の時にも、子どもが行き詰まり、親御さんに同じ指導をしている現実があります。

「我が子が変わってくれない」と思う前に、自分自身がどうであるのか、見つめ直してみましょう。

何はともあれ、まずは「気づき」です。親御さんが素直に受けとめることができれば、「実行」にも移せると思います。

残念なことに、**「自分がわかっていないことに気づいていていない」**親御さんも実に多いのです。いつも目標に届かない、結果に結びついていないと思うなら、それは親御さんに原因があります。先生から指導された時に「言い訳」をしてしまう人は、「自分がわかっていないことに気づいていない」タイプです。しかも「言い訳」をしていることにも気づいていないので、致命傷になってしまいます。
ここに気づけるかどうかが、「合格を勝ち取る」という結果に影響します。

親御さんが気づくことができず、変わることもできないのなら、難関校に合格することは難しいでしょう。でも、もし、そうなったとしても、「自分たちに合わない学校だった」と受けとめればいいだけではないでしょうか。きっと、ご縁をいただいた学校で素晴らしい出会いがあるはずです。

お子さまの可能性は無限大であると信じ、本人が視野を狭めすぎることのないよう、親御さんが導いてあげてください。結果が出なかった時には、親も子もしっかり**分析をして修正をかけること**です。最初から諦め、目標も立てず、向き合うことから逃げているばかりでは、修正をかけることすらできません。「一歩踏み出す勇気」とはよく言ったものです。世界中の著名人が同様のことを言っていますし、格言もたくさんあります。

自己肯定感が育っていなければ、失敗を恐れ、自分が確実にできることしか取り組もうとしません。些細なことでも「失敗」と受けとめてしまい、保身のために周りが悪かったのだと責任転嫁してしまいます。結果に向き合うことから目を背け、同じことを繰り返すだけでは、自ら成長を絶っているのと同じです。

自分もお子さまもそういう傾向があるならば、何かを勝ち取り、摑み取ることはできないでしょう。まずは結果を気にせず飛び込んでみることです。結果はすぐに伴わなくとも、諦めなければ目標は達成できるはずです。

親も子も、生まれつきの特性や環境によりできあがってしまった性格を変えるのは容易ではありません。しかし、気づいた時には素直に受けとめてください。たとえ元に戻ってしまったとしても、**「分析と修正」に向き合う努力をしていれば、人間的成長に繋がるはずです。**

『百人百様』ということわざのとおり、100人いれば100通りのやり方があります。千差万別だからこそ、アプローチ方法も違います。すべてに意味があると受けとめ、今日から**「幸せ親子計画」**を実践してください。それが未来への大きな希望です。

小学校受験に向けて計画を立てる

小学校受験を検討しようと思われた方に向けて、首都圏（東京・神奈川）の一般的な予定と注意点を記したいと思います。

入試日程ですが、私立小の解禁日が、神奈川県では10月の第3週、東京都では11月となり、解禁日から小学校入試がスタートします。国立小の入試は11月中旬以降になり、小学校受験の締めくくりになります。入試日程や集合時間は、月齢により変わる学校、受験番号によって変わる学校があります。年度によって変わることもあるので、併願の組み方はその年にならないと決められないこともあります。学校見学は年中・年少の間にすませておくとよいでしょう。

幼児教室の入塾時期ですが、特に都心部では動きが早く、塾の席を確保するために1～2歳から在籍することもあるようです。入塾が早期化する傾向は小学校受験に限らず中学受験でもあり、低学年のうちから入塾するお子さまも珍しくありません。しかしながら、入試直前期でも本人が優秀であれば入塾可能というような、なんとも都合のよい教室もたくさん存在しています。
一般的には、年度切り替えの新年中（年少の11月頃）から小学校受験対策をする人が多いようですが、地域や志望する学校により入塾のタイミングは変わってきます。早くから知育教室や幼児教室に通えば大丈夫ということはなく、それよりはご家庭で親御さん、特にお母さまがどこまでお子さまに向き合い、正しい教育をしているかが重要です。小学校受験をしようと決めた時期が遅かったとしても、入塾可能な教室はそれなりにあると思いますので、問い合わせはしてみましょう。

小学校受験の入試内容は多岐にわたりますが、ペーパー対策も特徴がありますので、市販の分野別問題集の基本問題などにはひと通り取り組んだ状態で入塾されるのが理想です。時間がかかるといわれているのは、思考力や数などの算数分野です。生活や常識といった分野は比較的詰め込みが可能な、理科や社会のようなものとイメージしてください。このほか、言語や長文など、国語分野も付け焼き刃で何とかなるものではありません。お子さまによって得意・不得意はバラバラですので、分野別問題集をひと通りやらせてみて、我が子の苦手分野を把握しておきましょう。小学校受験を経験した方はおわかりだと思いますが、意外に分野が細かく分かれていることに驚かれるかもしれません。

ペーパー対策に取り組むにあたっては、特に筆圧のコントロールは重要で、当塾でも鉛筆の持ち方や正しい座り方などを指導します。これらは小学校受験をするしないに関係なく、早くからできるようになっているのが理想ですね。

■幼児教室に通い始めたら

教室に通うようになったら、先生の指示に従い、しっかり宿題もこなしていきましょう。また、授業で我が子にできないことがあったら、それを放置してはいけません。次週までにできるようにしておくことが理想です。これはペーパーだけに限りません。運動や絵画、その他の分野もすべて同様です。

しかしながら、すぐに習得できるお子さまもいれば、繰り返してもなかなか対応できないお子さまもいます。まさに「百人百様」です。親御さんによるこの見極めも非常に重要です。兄弟姉妹でもそれぞれ違い、お子さまにより計画を臨機応変に変えなくてはならないでしょうし、アプローチも変える必要があります。

ひと口に幼児教室といっても、教室の方針や先生により、雰囲気や対策できることは様々です。成績によってクラスが分かれている教室もありますし、大手の場合は校舎によって対策校も違います。個人経営の塾には学校別専門塾も多いので、受ける学校ごとに幼児教室を併用する方もいます。ですので、実際に通いながら修正をかけていきましょう。先生やクラスの相性もありますから、同じ場所に留まり続ける必要はありません。もちろん、親の優柔不断に振り回されて教室を替えてばかりいるのはお子さまにとっても迷惑な話です。しかし、通わせていて成績が低迷したり、疑問が生まれてきたりし始めたら、思い切って環境を変えるというのも手です。当塾もそういったお悩みの方が体験に来られることは多いです。その場合、お子さまの様子を見て、親御さんのお悩みをうかがい、場合によっては完全に当塾にシフトするよりも、お通いの教室を継続しながら当塾を加えることで相乗効果になると提案することもあります。そのくらい、お子さまも親御さんも百人百様だということです。

初めて幼児教室の授業を受けてみて、そのレベルの高さに圧倒されてしまう親御さんもいるかもしれません。当塾でも、体験授業を受けていただいた後の面談でよくお聞きするお言葉として、「授業の様子を見ていると、本人は楽しそうでいいのですが、難しくてついていけない気がするのです。大丈夫でしょうか」というものがあります。私はそれを聞いて、「今日一緒に授業を受けたお子さまたちも、みんな最初からできていたわけではないですよ。慣れるまでは親御さんと離れられないこともありますし、泣いてしまうこともあります。でも、最初から最後まで参加しないことはなく、途中で参加したくなる状況が出てきて、終わった後は『楽しかった！』という感想が出るはずです。そこから成長が生まれるので、最初からついていけるかどうかを心配するのは取り越し苦労ですよ」と必ずお話ししています。

先生によっては、最初からお子さまの自信をなくすような誘導で、まったく楽しめない指導をする人もいるかもしれません。しかし、子どもの心理がわかっていれば、どんなお子さまでも「楽しい」という気持ちにさせることは可能だと断言できます。習い事一つとっても、お子さまによっては「楽しい」という感情に行きつくまでに時間がかかることもあるかもしれませんし、感情の波もあります。あまりにスケジュールを詰め込み過ぎると、「楽しい」の感情が消えてしまい、「しんどい」という感情のみになってしまいますから、親のエゴで動いていないかを見極めましょう。

とにもかくにも、**小学校受験をされるご家族の1週間のスケジュールは驚くほど多忙です。**ひと昔前までは、共働きで保育園通いでは合格できないという学校が何校もありました。最近ではそういった傾向は減っているのですが、それでも働きながら小学校受験の対策をするのは、実にハードです。私も日頃、各ご家庭のスケジュールを一緒に考えたりするのですが、これまた百人百様です。

幼児教室には、通常授業だけでなく、春期・夏期・秋期・冬期などの季節講習が組まれています。申し込み時期は塾によって違いますし、金額もピンからキリまであります。小学校受験の塾にかかる費用は、ご存じない方からすると、目が飛び出るくらい高い金額で驚かれるかもしれません。特に大手塾はその傾向が強いです。しかしながら、安すぎる塾にはそれなりの理由が隠れていると思いますので、金額だけで判断することのないようにしましょう。

幼児教室や学校別の模試も定期開催されていますし、テスト内容や採点基準、配点なども特徴がありますので、いろいろ申し込んでみるのもよいと思います。

小学校受験の入試日は首都圏の場合、10〜11月がメインになりますので、年長7月の夏期講習からは一気に追い込み時期に入り、そのまま秋期直前講習になります。入試日の2か月前くらいには出願が始まりますので、写真撮影は夏の日焼け前に撮られる方が多いでしょう。学校によっては願書の対策をしなくてはならず、当塾も願書添削には時間をかけています。また、面接は入試日の数週間前から始まります。親子面接はお子さまの入試本番よりもある意味重要ですから、模擬面接も重点的にやっています。第一印象はとても重要ですから、服装・髪型・アクセサリーなども学校のカラーに合わせた指導をしています。

面接が終わると、一旦ホッとされる方が多いのですが、面接で失敗してしまった場合、それを引きずって入試日を迎えないように、気持ちを切り替えていただく練習もします。入試直前の9月、10月はお通いの園で運動会が開催されることも多く、毎日の練習に疲れてしまうお子さまも多いです。季節の変わり目で体調を崩しやすかったり、感染症も流行したりしますから、入試が控えている方は無理をさせないように、休息もしっかりとるように指導しています。また、園をお休みする方も徐々に増えてきますが、運動会や芋ほり遠足などの行事はしっかり参加させてあげてくださいね。

新年中から入試本番までの2年間について記しましたが、終わって振り返ってみれば「本当にあっという間だった」と誰もが口を揃えておっしゃいます。そのくらい、日々やることが多く、親御さんのスケジュール帳は書き込まれた予定で真っ黒になっているほどです。親子でしっかり計画を立て、受験を勝ちぬきましょう。

家族の数だけある「受験」と「幸せ親子」の形

最後に私の印象に強く残っているエピソードを2つご紹介します。エピソードを通して「受験」と「幸せ親子」について考えてみていただけたらと思います。

■想像もしなかった小学校受験の結果を乗り越えたあかりさん親子

遠方の難関校を志望されていたあかりさん(仮名)は、模試の成績が常に上位で、併願校も含めてすべての学校で常にA判定という優秀なお子さまでした。ところが入試直前に思わぬケガをして、本番で力が発揮できず、まさかの惨敗という結果に……。小学校受験に向けて努力し、優秀な成績であったにもかかわらずそのような結果となってしまい、相当ショックだったことと思います。この結果に、「あなたは中学受験をしなさい」という神さまからのメッセージであるとあかりさん親子は受けとめられました。結局、自宅近くの公立小学校に入学されましたが、そこでたくさんの素晴らしい出会いがあったそうです。あかりさんは中学受験塾の勉強にもしっかり取り組み、6年後、見事に最難関の中学に合格されました。

そのご報告に来てくれた時、お母さまはこのようにおっしゃっていました。

「小学校受験では予想もしない結果に悲しくて涙しましたが、あの経験がなければ、その後の素晴らしい出会いもなかったと思います。先生方がおっしゃっていたとおりでした。この中学校にご縁があったのですね」

親御さんは当時、あかりさんには第一志望としていた遠方の難関小学校が合っているはずと思って準備されていましたが、実はそうでなかったということが後になってわかったという成功エピソードです。

デパートイベントに偶然通りがかったとしゆきくん親子

当社は毎年、デパートでアパレルショップやワークショップのイベントを開催しているのですが、そこに偶然通りがかったのがとしゆきくん（仮名）とお母さまです。私に声をかけてきたお母さまは、当塾や当社のブランドのことをまったくご存じなかったので、幼児教室が母体であることをお話ししたところ、こうおっしゃいました。

「息子は〇〇幼児教室に年少から在籍しているのですが、成績が一向に伸びなくて悩んでいます。本人は第一志望の学校を見学した時から『どうしてもこの小学校に行きたい』と言っているので、親としてはどうにかしてあげたいのですが……。今の本人の成績では合格が見えなくて、ずっと悩んでいるんです」

お母さまのお話を詳しく聴いてみると、お通いの幼児教室では、としゆきくん本人のやる気が引き出せない環境であると判断できました。当塾では、まったく違う指導法でとしゆきくんの自己肯定感を上げていけると思えたのですが、ご自宅からは片道2時間近くかかってしまうのです。それでもお母さまは「是非体験に行かせてください」とおっしゃいました。

そして後日、当塾の授業を体験し、「遠くても本人も通いたいと言っています。こちらのお教室にご縁を感じるんです。あの時、偶然デパートイベントに通りがかっていなければ、知ることもありませんでしたから」と通塾を決められました。

その後、片道2時間の道のりにもかかわらず、親子で当塾に通ってくださいました。お母さまがお仕事をなさっている関係で、平日はお祖母さまがとしゆきくんを連れてくることもありました。片道1時間以上という方は毎年珍しくないのですが、片道2時間は相当負担が大きかったと思います。しかしながら、休むことなく通ってくださり、見事、第一志望の難関校に合格されたのです。

お母さまは「あの時、千種先生に会えなかったら、としゆきの希望を叶えることができなかったと思います」と何度も感謝の言葉を口にしてくださいました。塾を卒業される時にはお祖母さまも一緒にご挨拶に来てくださいました。最後に「本当に素晴らしいご縁でした」と言ってくださったことは一生忘れられません。このご家庭が印象的だったのは、ご先祖さまをとても大切にされていることでした。正直、通塾される前の成績では、第一志望の難関校には届かない可能性もあったと思います。それでも、としゆきくんと親御さんのご縁を引き寄せる力は誰よりも強かったと思います。

努力を積み重ねたからこそ幸運の女神が微笑む

受験の結果は日頃の成績が最も影響します。しかしながら、この2つのエピソードから考えると、どちらも**成績ではない何かが影響している**と思いませんか？

ここに紹介したエピソード以外にも、少し思い返すだけで数えきれないくらいたくさんのエピソードが頭に浮かんできます。

私が感じているのは、あくまで**目標に向かって努力を積み重ねた人でないと、良いご縁を引き寄せたり、幸せな方向に導かれたりしない**ということです。

世の中には天才と呼ばれる人はいますし、努力しなくても結果が出せる人も稀にいます。でも、天才であることにあぐらをかいていては、最終的な幸せを引き寄せることはできないと思うのです。

常に謙虚な姿勢で、素直に人の意見に耳を傾けることができなくてはいけません。人間、生まれてきたからには、常に目標を定め、師と呼べる人を見つけることは大切です。自分だけを信じて自己流を貫いても、情報量はお粗末ですし、おそらく結果には結びつかないでしょう。師と呼べるような**人ではなく、本がその役割を果たすことも大いにあります。**世界中の成功者や富裕層は、皆読書を習慣にしているのは、昔から有名な話ですよね。

本に親しむ第一歩が、絵本の読み聞かせです。これは、何を取り組ませるよりも人間的成長に直結します。やがて、自分で本を読み始め、ありとあらゆることに興味を持つことで、論理的思考や、社会性、創造性が身につくのです。

親も子も、人との交流を大切にし、たくさんの本を読み、努力を怠らず、ご先祖さまと自分の命に感謝して、良いご縁を導ける人になってください。そして、最終的には社会貢献できる人間を目指しましょう。

これがまさに**「幸せ親子計画」の真髄**であると言えるのではないでしょうか。

いくら良いカリキュラムを受けても、成績がよくても、これらのことをおろそかにしていては、いずれ残念な結果が待ち受けることになるかもしれません。

あえてエピソードは記しませんが、小学校受験ではかろうじて結果を出しても、その後「幸せ親子」から外れてしまったご家庭も少なからずあるのは事実です。

「受験を勝ちぬく」ためには、「幸せ親子」でなければ意味がありません。年齢が上がるにつれて、子どもの意思が強くなります。親の思いどおりにはならないことを覚悟して、目標を定めることが大切です。場合によっては目標を下げなくてはならないこともあるかもしれませんが、そこで努力をやめてしまっては、幸せなご縁を導けなくなります。

もちろん、全力疾走してばかりでは心身ともにもちませんから、休息が必要な時もあります。休息している時は不安になったり心配になったりするかもしれません。でも、それでいいじゃないですか。また自分らしく元に戻り、新たな目標を設定し、前に進めばいいのです。

「受験」は人間形成において、最も成長できる最高の経験です。どうか、受験を勝ちぬき、幸せな親子を目指してください。

お子さまを「幸福」にするも「不幸」にするも、それは親御さん次第です。そして、誰もが必ず「幸せ」になれると私は信じています。

あとがき

教育の分野に携わるようになって25年が過ぎようとしています。しかしながら、教育者としての価値は、携わった年数や人数ではないと思っています。世の中には、何十年、何万人を教えた先生だって山のようにいることでしょう。皆さんも様々な先生と出会っていると思いますが、よい先生と判断される基準はその部分ではないと実感しているはずです。先生になったばかりでも人の心を掴む素晴らしい先生はいますし、反対に経験年数は長くても嫌悪感しか与えない先生もいます。

私が教育をする上で、心がけていることは**「共感すること」**です。相手と限りなく同じ目線になることを常々意識してきました。心と脳のはたらきを相手に合わせるには、子どもから大人まで、学んできた心理学が有効に働くと思っています。

最も気持ちが寄り添えるのは、自分自身の経験と重なる時です。ちょうど50歳を迎えた私の人生は、普通に先生をしている人より波瀾万丈かもしれません。しかし、読んだ方に共感してもらえるのならこれほど意味のあることはないでしょう。「あとがき」として、自分自身に起こった出来事と乗り越えてきた事実を知っていただけたら、本書を出版するに至った意味もおわかりいただけるかもしれません。

子どもや家族についてお話ししますと、私は離婚と再婚だけでなく、6回の流産を経験しています。前夫との間に奇跡的に授かった娘の妊娠中は何度か切迫早産で入院。神奈川県立こども医療センターにて早期破水による早産の末、2300グラムの未熟児で娘を出産しました。1か月のNICU入院後、自宅に我が子が来た日のことは忘れられません。こども医療センターには、重い病気を患った子どもたちが入院しています。私は自宅で一緒に過ごせる命に感謝し、しっかり育てようと心に決めました。娘は生後3か月で成長曲線の標準値まで到達し、生後6か月には成長曲線の一番高いところまで達しました。小さく生まれた娘が、大きなトラブルもなく育ってくれたことに安堵していました。

ただ、自分がなぜ普通に妊娠出産に結びつかないのか、産婦人科の検査を受けてもわからず、悩み続けていました。その原因は、4年前に脳出血で倒れたのを機に受けた精密検査により、先天性血管腫によるものだと判明したのです。長年腑《ふ》に落ちなかったことがわかり、光が差したような気がしました。

私がもっと子どもを産める身体だったなら離婚を決断することもなかったでしょう。なぜなら私は最初の結婚で、江戸時代から350年続く横浜の旧家に嫁いだからです。男の子を産むのが私の使命であり、役割を果たせない自分をずっと責めてきました。一時期はうつ病も患い、自分の存在する意味がわからなくなったこともあります。

私は、兵庫県の一般的な家庭で育っていますが、父方は岡山県の名士、母方は東京都文京区の華族と九州の武家が先祖になります。物心ついた頃には、何か背負っているような気持ちでいました。ご先祖さまに傷をつけてはいけない、由緒ある家に嫁がなくてはいけない……。離婚は家族から猛反対されるに違いないと思い、どうすべきか何年も自問自答し続けました。最終的に心の支えになったのは、幼少期から私の味方でいてくれた父親です。

結婚して12年が経っていましたが、「人生一度きりだから、お互い自由な道を生きよう」と後押ししてくれた元夫には感謝しかありません。そして毎週末は義母とともに娘の面倒を見てくれることになりました。ここから新しい家族の形が始まっています。私は自分の資格を活かせる場をつくるために独立起業する準備を始めました。
その後、運命に導かれたかのように、今の夫と開塾に至ります。「すべてのことに意味がある」と人生で最も実感しているのは、まさにこの会社、この幼児教室を起ち上げることになった数々の経緯です。正直、このようなことになるとは1ミリも想像していませんでした。開塾から12年間、どれだけ多くの方々に支えられ力をいただいたか、数え上げることができません。夫も私も順風満帆でなくとも、ご縁がご縁を繋いでくれて今に至ります。
私たちの人生と仕事の意味は何か？　それは、『1人でも多くの人を幸せにする』ために、一生努力し続けること、時代の進化に伴って形態が変化したとしても、その思いを継続していくことだと受けとめています。

自分たちが生まれたことを感謝するとともに、すべての方々が幸せになれますよう、心よりお祈り申し上げます。

Happiness to Happiness（幸せの連鎖）

三原（大森）千種

■ 著者紹介　三原千種　Chigusa Mihara

AzuriteStyle株式会社 代表取締役。アジュライトこどもスクール 副塾長。

兵庫県出身。国立小中学校を卒業後、学区内トップ高を卒業。幼少期よりピアノを始め、各種音楽を学び、音大在学中より幼児教育に携わる。大手ビール会社勤務、家庭教師、スイミングコーチ、音楽教室経営などを経て、2011年に起業。同年、小学校受験の「アジュライトこどもスクール」を開塾。絵画・制作・常識などの授業と親子面接・カウンセリングなどを担当。

絵画インストラクター、脳育インストラクター、心理カウンセラー、食育アドバイザー、マナー、夫婦カウンセラー、アートセラピー、パワーストーンセラピー、風水アドバイザー、総合旅行業務取扱管理者、音楽教職員免許など、15以上の資格を取得している。

幼児教育に関わるかたわら、お受験・学校用品ブランド“AzuriteStyle”の事業を展開し、企画からデザインなども担当。様々なアプローチで受験する親子をサポートしている。

■ AzuriteStyle株式会社　https://www.azurite-style.com/

◆小学校受験のアジュライトこどもスクール
◆Azurite Baby School
◆お受験・学校用品オリジナルブランド「AzuriteStyle」
◆アジュライトピアノ教室
◆舞台衣装・ドレス「AzuriteStyle FORMAL」
◆カルチャースクール・出張イベント「AzuriteCulture」
◆受験・家庭・子育てのお悩み相談「Azuriteカウンセリング」
◆アジュライトVision Training Studio

■ Special thanks

AzuriteStyle Staff	MAKIKO・TAKAE・CHAMI KAOTAN・CHIHARU・YUKO・YUKI
My husband	SHINICHI MIHARA
My daughter	ERISA（AzuriteStyle Staff）
My parents	HIDEAKI & SETSUKO
My brother&his wife	YASUHIRO(DENTSU)& TAMAKI(proofreading)
Management consulting	MURAKUMO
Judicial scrivener	Mr.&Mrs. KOJIMA
Editer	TAMAMI KOMURA（Jiyukokuminsha）

受験《じゅけん》を勝《か》ちぬく幸《しあわ》せ親子《おやこ》計画《けいかく》

2023年12月8日　初版　第1刷発行

著　者　　三原《みはら》 千種《ちぐさ》
発行者　　石井　悟
印刷所　　株式会社光邦
製本所　　新風製本株式会社

発行所　株式会社 自由国民社
〒171-0033　東京都豊島区高田3-10-11
TEL　03-6233-0781（営業部）　03-6233-0786（編集部）
URL　https://www.jiyu.co.jp/